少年底层能力

真正能成事的能力

尹红心 编著

远方出版社

图书在版编目（CIP）数据

少年底层能力说/尹红心编著．-- 呼和浩特：远方出版社，2024.3
ISBN 978-7-5555-1951-5

Ⅰ．①少… Ⅱ．①尹… Ⅲ．①学习能力—青少年读物 Ⅳ．① G442-49

中国版本图书馆 CIP 数据核字 (2024) 第 036871 号

少年底层能力说

SHAONIAN DICENG NENGLI SHUO

编　　著	尹红心
责任编辑	武舒波
封面设计	小徐书装
版式设计	宋建忠
出版发行	远方出版社
社　　址	呼和浩特市乌兰察布东路 666 号　邮编 010010
电　　话	（0471）2236473 总编室　2236460 发行部
经　　销	新华书店
印　　刷	唐山富达印务有限公司
开　　本	880mm×1230mm　1/32
字　　数	150 千
印　　张	6
版　　次	2024 年 11 月第 1 版
印　　次	2024 年 11 月第 1 次印刷
标准书号	ISBN 978-7-5555-1951-5
定　　价	48.00 元

如发现印装质量问题，请与出版社联系调换

前言

很多人常常会纠结一个问题,学识和能力哪个更重要?如果从做成事情这个角度来讲,无疑是能力更重要,能力是我们每一个人的立足之本,不过并非所有的能力在学校里都会教,很多要靠我们自己培养。

让人与人拉开差距的不是财富、地位、天赋、学历、知识,而是底层能力。过硬的技能是一个人的护身符,底层能力才是攀云梯。

培养孩子的底层能力是非常重要的。一个人的底层能力,决定了他的人生高度。那么,什么是底层能力呢?就是能力金字塔最底部的能力。只有底层能力坚实可靠,才能在此基础上培养和衍生出更多的能力,才能让自己的能力金字塔越来越高。比如,专注,才能把事情做好;协作,才能把事情做大;懂得规划,才能把事情做久……孩子们将来想要成为社会精英,就必须从培养底层能力开始。因为它是一切能力的基础。

在培养底层能力的过程中,不能仅仅让孩子停留在"知道"的层面,而是要让孩子必须"做到",因为"知道"很容易,各种方法、理念,在文章中、讲座中、课程中随处可见;而"做到"却很难,看过、听过、学过的方法、理念必须运用到现实生活中,才能成为自己认

知的一部分、能力的一部分,这样的能力才能称为"底层能力"。

那么,本书是如何一步步培养孩子的底层能力的呢?本书将这些需要孩子自己培养的能力进行了系统性的梳理,从专注力、逻辑力、创造力、适应力、离断力、复原力、规划力、执行力和写作力等多方面作为切入点,以详细的案例和具体的方法作为基础,让读者能够清楚、明白地理解如何培养社会精英的底层能力。

当你真正懂得了社会精英底层能力的培养逻辑,你也能够成为精英!

第一章
专注力：我看到，我感到，我得到

2 无法专注，让你变得越来越忙
6 专注力的五个维度
10 把精力集中到一点上
15 好奇心也是一种专注力
18 打开你的免干扰模式
20 为专注力保驾护航

第二章
逻辑力：让我们更接近事物本质的利器

24 想和思考是两码事
28 增加阅读量，拓展认知边界
31 不要让偏见左右决策
33 逻辑三巨头：概念、判断、推理
36 像侦探一样破解谜题
39 数学是锻炼逻辑思维的最好方式

第三章
创造力：像颠覆者一样考虑问题

42 创造力是每个人与生俱来的能力
45 批判思维——"真的是这样吗？"
49 发散思维——"或许还有其他方法"
53 逆向思维——"假如我不这么做"
57 联想思维——"不妨再举一个例子"
64 灵感来源于生活

第四章
适应力：在任何变化中都能游刃有余

64 这个世界唯一不变的法则就是变
68 适应过程比结果更有价值
71 我们不缺少适应力，只是怕失去能力
75 当一切改变时，改变一切
77 走出舒适区
81 不能改变环境，就改变自己

第五章
离断力：人生新陈代谢的加速器

86 成功的秘密是"战略性放弃"
90 "放手"即自由

94 不要把时间浪费在担心不完美上
98 手机焦虑症背后的真相
101 你不可能同时拥有一切
105 取舍物品,增加对人生的掌控感

第六章
复原力:在逆境中自我疗愈

108 想法决定感受
112 找到核心信念
118 准备一个心灵的急救箱
122 转换思路,绝路也能走通
126 增加"心理钝感"的合理性失败
129 复盘,让失败不再重演

第七章
规划力:清晰预见十年内的人生轨迹

134 梦想是一场双向奔赴
137 兴趣变现,找到成长的突破点
140 制作梦想清单
143 盯住我们想成为的那个人
145 里程碑法则,从过去看未来

第八章
执行力：让价值切实存在的证据

150 今天不主动，明天很被动
153 畏惧行动的两个原因
156 执行不是直行，要三思而后行
159 缩减说和做的距离
162 及时纠正"无组织"的行为
165 持续行动的两个维度

第九章
协作力：不必一个人扛下所有

170 不是每个人都能成为孤勇者
174 承认自己的不胜力，并不可耻
177 分享越多，收获越多
180 避免背离初衷的内卷行为
182 如何在协作过程中保持独立性

第一章

专注力：我看到，我感到，我得到

专注力，即注意力，就是一个人专心于做某一件事或一个活动时的状态。专注力就好比"一扇门"，如果不打开这扇门，我们做事时就会心不在焉，进而影响学习与生活。

少年底层能力说

无法专注,让你变得越来越忙

每个人的精力和时间都是有限的,我们能够走得更远的捷径就是专注——这是我国科研前辈在给青年研究人员的一封信中提到的一句话。学习是无止境的,我们每个人学习的目的就是成长。只有当我们无比专注的时候,才能够获得最大的能量,才有机会取得最好的成绩。

莫言是一个在做事情的时候高度专注的人。因为只有这样才能够在短时间内进行密集的创作,并且完成自己的工作目标。相反,有些人看起来每天都非常忙碌,可是最终完成的事情却寥寥可数。

没有专注,再好的机遇、再丰富的资源、再安逸的环境,都无法发挥出应有的作用。专注能力的强弱,决定着我们接受知识的能力大小、学习和办事效率的高低。

■ 盲目才会导致忙碌

盲目,可以理解为没有目标,浑浑噩噩。盲目的人通常会变得非常忙碌。好比白龙马和磨坊里拉磨的驴子,它们同样都在行走,可是一个已经踏破千山万水,看过广袤无垠的沙漠,走过层峦叠翠的山峰,跨出整个大唐的版图;而驴子每天只知勤勤恳恳地拉磨,虽然走的步数多,却永远被困在这方寸大小的地方,没有走出过磨坊。

想要做成一件事情,就必须要经过时间的积累和努力的投入,但千万不要让瞎忙成为你的人生状态,不要让无用功成为你的人生"收获",要让自己成为目标清晰、风雨兼程的人。

那么,如何才能避免瞎忙呢?

(1)行动前审视自己的目的

我们要明确,目标才是行动的方向,当你没有弄清楚这一点的时候,最好按兵不动。

在你确定目标之前,先问一下自己,是否有合理的完成计划?是否有充分的设定依据?是否有清晰的完成时间?针对以上三个问题,如果有了明确答案,那么这个目标就是可行的。如果答案含糊其辞、模棱两可,那么就需要再进一步调整目标。比如在准备看一本书之前,你要先想一想这本书对自己的学习目标有没有帮助。

(2)专注地朝着目标前进

有些时候,我们虽然有明确的目标,却因为这样那样的原因导致行动拖延,或者走了许多弯路。因此,有了目标的下一步便是立即行动。我们可以给自己制定一个时间表,在完成的地方逐一标记。一张满是"已完成"的计划表会让你有很大的成就感,也会让你发现自己越来越专注,距离目标越来越近。

(3)寻求外界的帮助、指引和监督

所谓"理越辩越明"。我们可以找一个值得信赖的人,告知你的目标,这种分享既是一种心理上的排解,同时也可以帮助、指引

和监督你,使你更明确地看到计划中的纰漏,进而及时梳理目标,加以改善。

■ 专注是快时代的稀缺品

我们处在一个信息化时代,这给我们带来了知识的繁荣,但同时也让我们越来越无法专注,你会发现自己的注意力总是会被其他的东西吸引。

例如,你正在看书,可是微信消息一条一条地发过来,你不得不打断思路,回复消息,等你回复完了,也许你已经忘记了刚才看的是哪一页、看过了哪些内容。"快时代"让人的注意力涣散,终究成了让人执行力涣散的"累时代"。

专注已经成了快时代的稀缺品。我们经常羡慕那些可以在闹中取静的人,其实仔细想想,我们不是羡慕他们所处的环境,而是羡慕他们那种不管周遭如何都能够泰然处之的专注能力。

那么,作为孩子,我们如何获得这种能力呢,其实并不难,我们可以在平时的学习中有意地练习。比如,当你感觉自己的注意力被转移时,尽量有意识地"抗拒",或者用更吸引自己的事情来改变这种状态;给自己一个时间限制,比如定一小时的闹钟,这一小时里就专注于一件事情,或是看一本书,或是做一套题;每次专注地完成了某件事情后,要记得给自己一些奖励和鼓励,让潜意识坚信自己可以拥有专注这种稀缺品质。

■ 专注是进入深层思考的必备能力

专注能力是做事效率的体现,是能否完成目标的必要条件,也是逻辑思维能力的前提，更是青少年能力发展的重要课题。

我们常常看到一些作家和哲学家每天都会用大量时间来思考与写作，因为他们知道整块时间是能够进入专注状态的最好方法，而专注又是进行深度思考的前提。浅显的思考通常只能关注到局部，深度思考则是从全局系统地看问题，只有当你专注于所有相关的信息，才能形成一个全面的观点，继而构建起自己的底层逻辑。

要想把有限的专注力都放在深度思考上，我们就要做到以下几点：

（1）置身安静的环境中，筛选信息，舍弃无用信息，排除干扰信息。

（2）不要强迫自己必须要达到深度思考的境界，思考是一件自然而然的事情，当你专注于此，思考自然能步入正轨。

（3）利用阶段性的思考来完成深度思考的迭代更新，避免陷入枯燥重复的学习当中。

专注力的五个维度

专注力可以拆分为五个维度，分别是观察性专注力、分配性专注力、持续性专注力、转换性专注力、选择性专注力。只有更好地理解了专注力的五个维度，我们才能扬长避短，全面培养专注能力。

■ 观察性专注力

观察性专注力，指的是能够感受外界信息，有序接收，并立刻做出相应反应。外界信息包括看到的、听到的、触摸到的等各种繁杂信息。比如，有人敲门，观察性专注力较强的人能立刻听见，第一时间确认来人是谁，并且通过对话判断是否应该开门。

缺少观察性专注力的人表现通常会"慢半拍"，有人呼唤他，他要么充耳不闻、没有回应，要么反应时间较长，几分钟后才意识到有人叫自己。在课堂学习和阅读书籍时，缺少观察性专注力的人也常常会出现漏听、漏读的情况，无法全面获取信息，只能一知半解。

观察性专注力的培养要从日常小事做起。比如，写完字要认真检查，是不是把 6 写成了 9、把句号看成了逗号。训练自己的耐心，磨炼自己的细致，都是提高观察性专注力的好方法。

■ 分配性专注力

分配性专注力,指的是能够同时专注于不同任务,同时接收多个信号,虽然一心多用,但却能将每件事情都做好,不会弄乱或记错。缺乏这种专注力的人,无法一边听讲一边记笔记、一边听歌一边画画,或者手、脑、眼的协调性相对差一些。

分配性专注力高的人,可以同时处理多个不同的事情,每件事情都在他的脑子里形成一个计划表,哪件事需要如何做都有明确的行动标准,几乎不出差错。严格意义上说,其实分配性专注力高的人并不是完全在同一时间内处理这么多的事情,而是能够同时接收这些事情,然后按照自己的逻辑去分门别类,一一处理。

由此可见,这种专注能力需要更好的逻辑思维能力去优化任务内容,更需要极高的观察性专注力来广泛地接收信息。

■ 持续性专注力

持续性专注力,指的是做某件事情时,时间能被合理使用,注意力没有发生转移,精力没有其他事情消耗。比如,上网课或者看书时,大脑能够持续多长时间专注于学习而不走神。

缺乏持续性专注力最突出的表现是做事虎头蛇尾、半途而废,虽然有着天马行空的想象力和激情四射的行动意愿,但总是难以长时间地专注于一件事情,三分钟的热度,来得快去得也快,最终成了理想的巨人、行动的矮子。

相较于其他专注力,持续性专注力会被局限在特定的环境和封

闭的时间段里,对于个人专注能力的要求更高。那么,如何提高持续性专注力呢?比如,做一件事,我们可以给自己设定时间限制,一定时间内必须完成每件事情,否则不能参与其他事情,以便让自己持续专注的时间越来越长,有始有终地顺利完成预定目标。

■ 转换性专注力

转换性专注力,指的是将专注力从一个方向转换到另一个方向,比如从一个行动转换到另一个行动,从一个信息转换到另一个信息。临近假期结束时,老师和家长总会说:"赶紧收收心,进入学习状态。"这就是典型的转换性专注力。转换性专注力弱的人,往往表现为无法从假期中抽离,容易患上"假期综合征"。

转换性专注力的强弱,取决于转换需要的时间和转换之后的效果。转换性专注力强的人往往可以迅速切换,这边关了电视,那边立刻就能开始写作业,该睡觉倒头就睡,没有迟疑,非常果断。

缺乏这种能力的人,他们的思想惯性很大,此时虽然做着这件事,却还在想着刚才的事情;上着语文课,却还在反复思考上一节课的数学题如何解答。

■ 选择性专注力

选择性专注力,指的是刻意让自己专注于某一件事情,不受其环境因素的干扰。比如有的人在星巴克看书,有的同学在肯德基做作业,这些都是选择性专注力强的体现。

环境对于专注力的影响是显而易见的,当周围的信息点过于繁杂，那么我们就需要很强的选择性专注力，以便排除干扰。

想要拥有这种能力，就要在心里明确自己的目标，知道什么重要，什么不重要，然后要求自己去做重要的事情，并且持续专注地做重要的事情。

把精力集中到一点上

想要成为一个拥有高效专注力的人,就要找对方法,特别是适合自身情况、操作性强的方法。

当我们把"专注"这个词拆开理解——"专门"的"关注",就能获得一些方向性的指引。"专门"的近义词是"定向","定向"的近义词是"聚焦"。可见,我们必须将全部大脑能量都集中用于某项任务、某个焦点上,这是保持专注状态的直接方法。

如果我们不停地在各项任务、各个焦点之间频繁切换,大脑便会长时间处在加载新任务、上传新要求、处理新信息、输出新结果的状态中,应接不暇,产生疲劳。

很多时候,我们无比迫切地想要把每件事都做好,结果却一件事都没做好,顾此失彼。不如别那么贪心,把注意力放在某一件能获得结果的事上,心无旁骛、全力以赴地去做,直到得到我们想要的结果,然后,再投入到下一项任务中。

这里有几个较为常用的"对焦"方法,可供我们根据自己的实际情况选用。

■ 四象限法：分清轻重缓急

四象限法是按照"重要"和"紧急"的不同程度对任务进行性质划分。我们可以在纸上画出相互垂直的两个轴，Y轴代表重要程度，X轴代表紧急程度，然后把近一段时期内需要完成的所有任务都填入到与之相关的象限中。这样一来，哪些任务重要且紧急、哪些任务重要但不紧急、哪些任务紧急但不重要、哪些任务不重要也不紧急，就非常明确地呈现出来了。

（1）重要且紧急：令人措手不及的突发事件。如果不能及时解决，就会引发一系列连锁反应或直接造成负面结果。此类事件会让我们时刻处于心理压力和紧迫情绪中，很容易带来专注力超载的情况。

（2）重要但不紧急：日常事件或周期较长的规划事件。虽然不需要立即去做，但只要开始做了，就必须全身心投入、最大限度地按照计划完成，这样才能起到未雨绸缪的效果，否则就会引发"重要且紧急"的危机事件。

（3）紧急但不重要：计划外发生的琐事。需要马上着手处理，但不一定需要本人亲自处理。

（4）不重要也不紧急：一些放松休闲事件。这类事件会让我们的精神得以放松，但也会让时间碎片化、零散化，随着时间的推移积累，留给重要且紧急、重要但不紧急的正事的时间就更少了。比如，你原本只是想要在准备复习学习资料前刷两分钟朋友圈，结果不知不觉中，时间已经过去了半小时。

按照一般的常识,为了更加高效地利用时间,我们应该马上做"重要且紧急"的任务、提前做"重要但不紧急"的任务、授权他人或请他人协助完成"紧急但不重要"的任务、拒绝或尽量少做"不重要也不紧急"的任务。

但是每个人的做事风格、做事目的都不尽相同,这种方法不能完全照搬,要根据的需求进行合理计划和安排。通过聚焦要事,把有限的时间充分利用起来,即使有一部分优先安排的事情没有完成,也算是向前迈出了重要的一步,让你离整体目标越来越近。

■ 缩减法:每日任务量设定在5件之内

我们不需要追求"每天要把所有的事情都做完",只需要把每天要做的任务划分为三类,列出任务清单,按时按量完成,比如:

(1)特别重要的任务,每天设定1件即可;

(2)中等重要的任务,每天设定3件左右;

(3)并不重要但必须做的琐事,每天设定5件以内。

任务清单的精髓在于排序和删减,略过琐事,直接专注于最重要的任务,以便让计划得以落实。

如果想要更专注一些,可以再度缩减任务量,将其设定在5件之内,既可以全面保障特别重要任务的圆满完成,又可以灵活地安排时间,以便生活和学习不受紧急事件的过度影响,能够正常运转。

■ 分段法:将一天分隔成几段,限时使用

有时候,任务清单无法顺利完成,其原因不是内容设计不合理,

而是没有设计出相应的时间分区,即用于区分界限的"时间块"。当我们选择一项任务后,还需要制定一个专门的时间块用于完成它,在这个最具创造力、最富灵感的时间块中,所有的干扰都要被摒除。

那么,如何设计时间块呢?俗话说,计划不如变化快。为了更从容不迫地应对变化,我们在制定每日任务清单时,可以在脑海中预演一下执行过程,划分出合适的时间段、预留出足够的时长。

这里有两个关键词:"松"和"紧"。

"松"指的是千万别把任务清单安排得过于紧凑,要给自己留出调整的间隙,以恢复消耗掉的体能和精力。比如19:00-19:30写作文、19:30-19:40吃水果、19:40-20:30做数学试卷。

"紧"指的是一定要设定最后时限,这个时间块的任务就在这个时间块内解决,不同时间块之间绝不产生交叉,以便提高做事效率。比如19:40之前必须吃完水果,19:41时必须坐在书桌前进入学习状态。

■ 聚焦法:一次只做一件事

鱼与熊掌不可兼得,适当取舍是必要的。当我们同时处理多个任务时,注意力必然分散,特别是在快速切换任务的瞬间,很容易将注意力分散到其他既不重要也不紧急的琐事上。

神经科学家丹尼尔·列维京在书中写道:"要求大脑将注意力从一项活动转移到另一项活动时,前额叶皮层和纹状体会燃烧含氧葡萄糖,这与大脑保持工作所需的燃料基本相同。"由此可见,任务切换的频次越高,专注力越分散,效率越低。

既然我们无法同时完成两件或两件以上的事情，并且还保证它们都能卓有成效，那么索性就一次只做一件事，就像挖井那样，埋着头一直向下挖，直至挖到水为止。

■ **折叠法：批量处理相似任务**

所谓折叠，就是把同质化的任务放在一起集中处理，减少注意力切换的次数。比如在某个时间块集中回复微信消息、通过好友申请等，而不是在手机前24小时待命，随时放下手中事务、只为了秒回信息。

在接到一项无须紧急处理的新任务时，特别是那些容易打断专注力的任务，我们可以将其放入待办清单，当这样的任务到达一定量时，将它们整合在一起，在同一时间、同一地点、用同一种方式，一次性处理完。

第一章　专注力：我看到，我感到，我得到

好奇心也是一种专注力

好奇心是打开学习之门的钥匙，或者说好奇心本身就是一种专注力。当你对一件事情产生了好奇，就会自然而然地产生问题。比如，风为什么会有不同的方向？历史上真的有孙悟空吗？这些问题就会带着你专注于找到答案，追寻答案的过程就是成长的过程。

■ 你只会看见你想看见的东西

卡耐基说："对和你谈话的那个人来说，他的需要和他自己的事情永远比你的事重要得多。"

由此可见，每个人所专注的点一定是自己最感兴趣、最在意的东西，我们只会看到自己想看到的东西。

一群同学去参观博物馆。喜欢绘画的同学一眼就看到了墙上的梵高《向日葵》，喜欢建筑的同学进门就开始欣赏博物馆的巴洛克风格天花板，喜欢美食的同学则第一时间看到了休息区周边的饮品和零食。

好奇心让我们看到的东西，通常都是我们最容易保持专注的事情，也极有可能成为我们擅长的事情。伟大的科学家们都是在好奇心的驱使下不断探索前进。牛顿看到了重力，爱因斯坦看到了光，薛定谔看到了原子轨道，霍金看到了宇宙的尽头。

好奇心是加强专注能力的一把金钥匙，它为我们打开了一个领域、一个概念、一个现象的大门，让我们全身心地投入探索之中，最大程度地让努力富有意义。

■ 兴趣是最直接的内驱力

为什么你在学习一门不感兴趣的课程时会如此痛苦？为什么你很少见到同学因为上体育课而愁眉苦脸？因为年少的我们对于运动有着无限的兴趣和热爱，这就是兴趣的驱动力。

每个人的兴趣都是不同的，关于如何培养自己的兴趣，并没有标准答案。我们可以在学习中发现一些能让自己产生好奇心的点，找到一个问题，尝试着用自己的方法回答，在求知的过程中顺其自然地开启兴趣之旅。

■ 浅尝辄止的探索是没有意义的

还记得当时发现引力波时的轰动吗？爱因斯坦提出的猜想，在几百年后终于被证实，整个科学界为之欢呼。无数科学家为了验证一个猜想付出了大量心血，也许其中大部分人穷极一生都没有得到自己想要的结果。可贵的是，人们并未停止探索的脚步，因为这条道路从来都是漫长、艰辛，甚至是枯燥的。假如遇到一点困难便放弃，那么将永远无法体会到最后达成目标时的美好。

好奇心和兴趣都是开关，能在初始阶段给你带来快乐的感觉，但想要在实践探索、创造价值的过程中保持专注，则需要持之以恒，浅尝辄止等同于前功尽弃。

当你凭借着一腔热情和冲动，却一直没见到成效，经历了反复失败、反复失望后，请记住，千万不要把一切都归结于自己有心无力。没有走不出去的迷宫，也没有登不到的山顶，我们可以给自己设定阶段性的目标，使其更容易被实现，不断感受目标达成后的成就感，增强自我掌控感，让自己一步一步寻回最初的专注力，由此还可以产生新的好奇和兴趣，这是在探索过程中克服枯燥和挫败的最好方法。

打开你的免干扰模式

在有限的精力和时间内,完成更多的事情,需要全神贯注地投入,也就是打开免干扰模式,只专注于一件事情。

免打扰模式有以下几种特征:

(1)没有外界的干扰和诱惑,比如手机、电视、伙伴;

(2)周围的大环境,比如大家都在安静的图书馆和教室中专心学习;

(3)自律,比如今天一定要看完几本书、做完几道题等,即使没有老师或家长监督,也要按时保质保量地完成。

■ 用 20% 的精力快速处理完 80% 的琐事

爱因斯坦曾说,一个人的能力绝对不体现在工作的时长上,而是体现在工作的内容上。学习也是如此,随着年龄增长,学习科目越来越多,接触的知识越来越繁杂,需要花费更多的时间和精力。所以我们要提升思考能力,将处理日常琐事的时间成本缩减到最小,也就是说,尽量用 20% 的精力快速处理完 80% 的琐事,保障自己拥有足够的学习时间。

(1)学会制订计划

把自己的精力和时间量化,分成不同区域,制订计划。就像

NBA球赛的教练一样,安排好哪些队员是首发阵容、哪些队员作为替补上场、哪些队员要在最后力挽狂澜。

（2）懂得归纳总结

俗话说,吃一堑,长一智。阶段性地进行归纳总结是避免重蹈覆辙的有效方法。为什么老师总是强调笔记的重要性,因为笔记是一天课程结束后可以用来"复盘"的信息库,也是我们用来优化时间、精力和资源的材料。我们可以在每天临睡前写一份总结,看看今天有哪些计划没有完成、为什么没有完成、明天应当怎样调整。

■ 专注于当下

让自己处于免打扰模式的另一个重点是避免自我干扰,也就是减少用来胡思乱想的时间。有些同学因为昨天多看了一会儿电视,多打了一会儿游戏,懊恼不已,耿耿于怀,陷入自责之中不能自拔。

人生没有草稿,过去了就是过去了,错过了也不可能再有第二次机会。有后悔的工夫,倒不如把今天的时间好好利用起来,专注于当下。只要我们通过归纳总结,有了相应的解决方案,将昨天没有做完的事情放进今天的计划中,那么便应该心无旁骛地继续朝着目标前进。

想要专注于当下,我们可以在每天清晨醒来时深呼吸,告诉自己:今天又是全新的一天;还可以暗示自己:昨天已经过去,不管做的好与不好,都已经成为定局,只有此时、此刻,才是真正能够改变的。

通过类似的积极心理暗示,就可以顺其自然地让注意力停留在眼下和手头的事情上。

少年底层能力说

为专注力保驾护航

我们需要通过专注力来完成目标,也需要安全的内心环境来保护专注力。在我们一心学习的时候,千万不要忘记磨炼内心的坚韧。一个积极乐观的健康人格是保护专注力的强大依靠。

■ 重塑责任心

责任心是一个人能够专注完成计划的必要品质。专注力的强弱和责任心的大小基本上成正比,一个能够完成计划的人,多半都是有担当的人,因为他有执行力,说到做到,遇到问题,不推脱、不后退,会立刻去想解决方法,这就是责任心。因此,在培养专注力的过程中,重塑责任心也是我们的必修课之一。

(1)把中途放弃的事情做完

想想自己有哪些事情是只做了一半就搁置的,比如写了一半的作文,学了一半的乐器,看了一半的书,那么从今天开始就把这些事情逐一做完。

(2)信守承诺

言而有信是责任心的必备品质。小到你答应同桌帮他擦桌子,大到你许诺自己这学期一定要看完 10 本名著,这些事情都要有意识地去完成。

（3）给自己选择的权利

被迫承担下来的事情，往往因为意愿低、责任心不足而执行效果不佳，因此我们要给自己选择的权利，自主灵活地安排时间和精力。选择什么时候做、怎么做、做多少。

■ 调整心理压力

执着于一件事，有时会让人体验到绝望、焦虑和悲伤，心理压力是专注力的毒药。如何调整心理压力，保证自己的思维稳固呢？

（1）明白有压力是正常的

不管是谁，优秀或者不优秀，心理压力都是存在的。当你感到有压力时，一定要让自己冷静下来，告诉自己：这件事是正常的，而且是可以解决的。

（2）学会保持自己的稳定状态，并且找到最适合自己的方式

如果你觉得压力大到已经影响自己的判断和心情，那么不妨去做一些喜欢的事情，比如去健身房锻炼、听歌曲、看电影，让自己平静下来，这样有助于进一步专注。

（3）不轻言放弃

当你压力过大，想要放弃某件事时，想一想：我现在放弃了，会不会前面所有的努力都白费了？我是不是还能再坚持一下？我是不是真的就要败在这里了？如果只是在困境中感到疲惫，那么没关系，卸下包袱，休息一下，让自己好好睡一觉，当你休息好了，一

定要重新背起行囊，继续前进。

（4）改变或离开压力环境

固定不变的环境可能会加大心理压力，这时就要想办法换个环境，调整心态。比如，当你每次坐在书桌前复习时，就会感到无形的压力将你捆绑在椅子上，这时不妨换个地方，到客厅的椅子上看书，换一换环境会带来心情的放松。

■ 保障充足的睡眠

充足的睡眠对维持专注力来说非常重要。

（1）保证作息规律

每天按时上床睡觉，包括周末假日也尽量保证同样的睡眠时间，有规律的作息对身体健康和精神心理都有好处。

（2）营造安静温馨的睡眠环境

能够安静地进入睡眠状态也是心理健康的一种体现，因此要避免在睡觉时给大脑过多刺激，开灯睡觉和戴着耳机听着音乐睡觉都是影响睡眠量不好的习惯。

（3）固定的睡眠时间

未成年人的睡眠时间应该是每天8小时以上，以这个标准，安排自己的学习计划，保证充足的睡眠，让自己精神饱满地迎接每一个清晨。

第二章

逻辑力：让我们更接近事物本质的利器

　　逻辑是人类思维过程中最宝贵的路径，是我们探索整个世界的基本方法。我们常说，动动脑子，其实就是让大家在学习中多思考，发现事物的必然联系和因果关系，这就是逻辑的建立。

少年底层能力说

想和思考是两码事

想和思考都是大脑做出的信息反应,如果说想是一种反应动作的话,那么思考更多地倾向于逻辑关系的建立,思考的能力决定了学习的能力。每日天马行空地胡思乱想,并不代表着你是一个善于思考的人。因为我们心智尚不够成熟,常常会把一件事想得很肤浅,我们未真正掌握思考的工具、抵达思考的深处。

■ 感性脑与理性脑

思考的主体是大脑。人的大脑结构是非常复杂的,大脑新皮质通常被称作理性脑,原脑皮质则被认为是控制人感情的感性脑。感性脑更主观,常常带有个人色彩,侧重于"想";理性脑更客观,往往以现实世界的信息为基础,侧重于"思考"。

那么,如何判断自己是感性脑还是理性脑呢?

(1)是否情绪化严重

调查结果显示,情绪波动比较大的人,容易发脾气的人,通常擅长使用感性脑,而那些相对冷静的人则更倾向于理性脑。

(2)是否擅长拆解问题

善于使用理性脑的人喜欢从全局看事情、想问题,能够很好地理清问题的前因后果和脉络。

（3）是否共情能力强

看电影容易被感动、容易体会到别人情绪的人，属于感性脑。

感性脑掌管情绪，理性脑掌管思维，它们面对的环境有所不同，对应要解决的问题也存有差异，并没有高低上下之分，这两种思考能力是每个人都应该具备的素质，缺一不可。

感性脑和理性脑的平衡是我们成长的必经之路，感性脑带给我们想象力和个性，理性脑让我们体会到逻辑和思考之美，只有两种技能平衡掌握，才能更清晰地表达、更耐心地倾听。

■ 为什么大脑排斥深度思考？

随着科技的发展，聊天有软件，画画有软件，甚至做数学题也有软件，可以直接扫描题目上传，从题库里找到解题方法，有的还配上了老师讲解的小视频，真是太方便了。

深度思考对于大脑来说，极其耗费能量和精力，因此当大脑发现不经过思考就可以轻易获得信息时，就会对这些软件产生依赖性。

对于平时具有独立思考能力和学习能力的同学来说，适当使用学习软件能够提高学习效率。但是有些同学却因此形成了依赖，只要遇到不会的题目，就直接去题库中搜索，久而久之失去了独立思考的能力，变成了思想上的"巨婴"。当没有外界可以依赖时，就会失去方向感，也失去了前进的勇气。

每个人都需要磨砺，每个人都需要积累，这是成长的过程，也

是寻找的过程。当我们真正开始利用逻辑思维进行深度思考,就能感受到自己从稚嫩到成熟、生活从想象到现实的转变,这个过程也许很漫长,但终究会找到自己想要的答案。

为了更好地帮助大脑适应深度思考、提升思维能力,我们可以这样做:

(1)学会提问

当你不知道如何深度思考时,不如从提问开始,一个问题接一个问题,主动寻找信息,而不是等待信息的到来,用逻辑联系把思维串联起来。从老子、孔子到苏格拉底,人类一直在思考"我是谁"这个问题,科学上称此为"自我意识",我们学习自然的一切,不断地思考、探索、追寻,最终有些人找到了答案,但这个答案本就不是唯一的,每个人都有属于自己的思考,有的人深刻,有的人轻松,无关乎对错。

(2)培养观察能力

深度思考的前提是观察。我们在日常生活中要学会去观察有趣的事物,并且有意识地总结,做出一定的预测。比如每天观察天空的颜色和云朵形态,结合第二天的天气情况,慢慢建立起简单的因果联系,这就是一种对深度思考的锻炼。

(3)判断信息的可靠性

独立思考就是利用周围的信息得出自己推论的过程。面对权威信息,我们要保持质疑,多渠道寻找信息,集思广益,避免偏听偏信。

■ 把大问题拆解成小问题

在深度思考的过程中，会有许多棘手的关键问题和复杂问题，让我们浅尝辄止、望而却步。其实，我们可以把每个大问题拆分成无数个小问题，从解决每个小问题开始，循序渐进地推导出大问题的答案。在这个过程中，我们也从"想"飞跃到了"思考"的高度。

拆分的方法主要有以下几种：

（1）聚焦法

把这个大问题中包含的问题一一列出，然后逐条回答，并发现几个问题中的逻辑关系等等。这些小问题的先后顺序可以理解为小问题与大问题之间的相关度，或者更直白一些——重要程度。

（2）限定法

如果大问题没有清晰的定义，那么就需要用限定法，以问题的目的为导向，比如为什么我们想解决这个问题，然后根据目的去拆分问题，也就是说把长远目标拆分成几个阶段目标。

（3）挪移法

如果大问题的结构过于庞大复杂，则可以使用挪移法。大问题都有其复杂的逻辑结构，只要有结构，就能成为系统，有上游问题，有下游问题，那么就可以通过小规模的模拟去解决大问题。

增加阅读量，拓展认知边界

思考源于信息，想要深度思考，首先就要接触足够多的信息，具有充足的知识储备。

■ 我们无法理解自己没接触过的信息

"夏虫不可语冰"，你跟一只活在夏天的虫子说冬天的事情，它是不会理解的，因为它的生命中根本没有经历过寒冷。简言之，我们无法理解自己没接触过的信息。现在让你去想象五维世界是什么样子，大部分人都会一头雾水，因为我们目前的世界只有三维，加上时间也不过是四维。

读书是成本最低的扩展知识面的方式，书里可以涵盖许多人的智慧，可以带你看到地球另一边的风景，书中的宝藏在你翻开的一瞬间，就完全展开在你的面前，刺激着你的大脑，给你带来全新的世界。

或许你没办法去看马里亚纳海沟有多深，也没办法登上珠穆朗玛峰感受世界之巅，但是我们可以通过阅读图书，通过观看纪录片，让自己获得这些体验和感受，文字加上想象力，再配合影像资料，这些信息便能够在脑海中留下印象。这就是阅读的力量。

■ 自学素养，比"天赋"更有价值

有人研究过，学习效率最高的时候并不是课堂上，而是自学时。因为自学的时候，我们完全按照自己的习惯和思维方式，获取知识的方式更得心应手，对于信息的筛选也是主观上最感兴趣的内容。相比于所谓的天赋，自学在培养独立思考能力时更有实用价值。

每个人都可以开发出最适合自己的一套自学方法，这里提供一些思路给大家参考：

（1）阅读之前，或者学习之前，心中带上问题。平时要有预习的习惯，当你有了小问题或小目标，在自学的时候就会更有目的性，效果也就更好。

（2）带着思考去自学。不论看到了什么知识，吸收了什么信息，都要有自己的思考，这样才能把书上的图像文字变成自己的知识储备。

（3）带着任务自学。自学的过程不能是盲目的，心中要有个想要完成的任务，不能像无头苍蝇一样乱撞，这样才能够提高自学的效率。

■ 搭建自己的知识库

阅读的目的是搭建自己的知识体系。在阅读的过程中，我们应该做到以下几点。

（1）将阅读的知识分门别类。针对学科类、语文类、娱乐类等的各自特性，使用不同的精力投入和学习方法进行消化吸收。

（2）从阅读中形成自己的观点。过滤掉不需要的知识，或者把重要的知识梳理出来，重新标记，作为能够支撑知识体系的重要部分。

（3）学会做笔记。在阅读的过程中，要随时思考，并把当下的感悟记录下来，这样有助于对整个知识进行回顾。

第二章　逻辑力：让我们更接近事物本质的利器

不要让偏见左右决策

深度思考也好，独立思考也罢，都是为了从现象中去寻找内在的规律，去发现事物的真相。在追寻真相的过程中，我们会遇到许多阻碍，有时候是挡在真相前的假象，有时候是思维的局限。

每个人都有自己的立场与偏好，在面对一件事、一个人的时候，主观认知的偏见对判断结果的影响是不容小觑的。

■ 不要活在自以为是的世界里

当偏见产生作用时，你会坚定地认为别人面对当下的环境也会这样想、这样做。

如果以己度人的偏见在我们的意识中根深蒂固，那么必然会影响到深度思考的过程，进而影响最终决策。

■ 不要成为固执己见的杠精

许多人会从"自以为是"发展到"固执己见"，并且用偏见去反驳、攻击别人，这些人在网络上统称为"杠精"。这类人看似十分讲究逻辑，却是最不喜欢尊重逻辑的人，他们追求的不过是说赢别人后的成就感，至于事实究竟如何，他们并不在乎。

杠精会犯许多逻辑错误，比如偷换概念、稻草人谬误、错误类比、红鲱鱼谬误等。

我们可以从他们的逻辑错误中了解常见的思维陷阱，避免这些逻辑错误。

■ 不要轻易把问题泛化处理

在思考过程中我们应该注意避免把问题泛化处理，这是避免认知偏见和逻辑错误的方法之一。泛化，相当于将许多问题简化，归类成一个问题来解决。

根据奥卡姆剃刀原则，一件事情能简单就不要复杂，最简单的就是最好的。但在处理问题的时候，这种最简单的方式是否是最优选择，则需要具体问题具体分析。

（1）可以泛化的问题往往存在相似的冗余细节，比如我们做题的时候需要合并同类项。无法泛化的问题特征明显，比如用同一个辅助线就无法同时解决三角问题和椭圆问题，因此问题的特征性是能否泛化的一个判断标准。

（2）每个问题都要结合多维度的信息去思考，而不是随意简化。比如每个阶段目标，虽然都是为了同一个远大目标，但实现过程会有所不同。就像从200斤减到140斤与从140斤减到100斤的方法，肯定是不同的，不能一概而论。

（3）运用深度思考，体会问题内涵，而不是浮于表面。过于泛化处理，有可能让你忽略关键性细节，由此导致决策失误。

总之，泛化处理是一种行动方式，它与深度思考有时候是相悖的，如果真的想要锻炼自己的思维逻辑能力，那么建议还是少一些简化，多一些细节。

逻辑三巨头：概念、判断、推理

深度思考和逻辑思维能力都是可以锻炼的，有些人也许会有天分，但是大多数人的逻辑能力都是在生活和学习中不断练习获得的。

翻开语文课本，为什么老师总是让我们写出段落大意？为什么写作文的时候要有结构、要有起承转合？这不是古板，也不是限制，这是对逻辑力最基本的锻炼和学习。想要建立自己的逻辑体系和思维模式，就要耐心选择合适的思维方法，让自己成为能够独立发掘事物本质的"思想家"。

逻辑思考，通常包括定义、收集信息的阶段，独立思考的判断过程以及预测应用的推理过程，这三个部分组成了逻辑的全部。如果你希望建立自己的逻辑体系，那么这三点就必不可少。

■ 节约思考成本

好的题目可以帮助我们了解文章的主旨。思考也是一样，要懂得节约思考成本，提高大脑效率，对思考进行优化。

通过大量的经验总结出结论，然后给某一类问题下定义，并且建立思考的惯用思路，以此来达到在下次遇到同类问题的时候，能够用最快的速度加以解决。

为了更好地锻炼归纳能力,我们可以找一个小本子,把自己每天学习生活中遇到的问题写下来:

(1)将当天的问题分门别类地记录下来,数学问题、语文问题等;

(2)把各类问题的共性找出来,并加以记录;

(3)分享和沟通,这是提高思维效率的一个有效途径,把思考过程清晰地讲述给别人听,可以进一步加强总结能力。

■ 任何事情都需要有相应的判断标准

判断是对事物的权衡评价,包括对错、好坏、利弊、取舍等,判断分为理性判断和感性判断,不同的问题有不同的判断标准。小到今天早上吃什么,大到将来想从事什么职业,都无法离开判断思考,而这些判断后的选择往往会对你的人生道路产生深远影响,因此早些建立起属于自己的判断标准是有好处的。

想要做出更加准确的判断,以下几个步骤不可少:

(1)筛选信息。在判断之前,要先把与这件事情相关的信息全部提取出来,节约判断的时间。

(2)检查信息的真伪。信息错误有时候比信息缺失更要命,比如通过一场考试选择文理科,可偏偏你在这场考试中作弊了,那这个结果就完全不可信,如果你基于这次考试来决定未来,失败的概率就会提高。

(3)适当加入感性的思考。在判断的时候,同理心也很有必要,人性本身是复杂的，不要因为纯粹的理性思考而忽略了自己的感性想法。

（4）坚持自己的判断原则。比如明知有些事情是错的，就不要去做。坚守原则是逻辑体系的关键一环。

■ 推理是理解复杂事物的必要步骤

推理是更为主动的思考行为，也是理解更复杂事物的必要步骤。我们学习知识是希望通过基础学习，了解更繁杂的真相，解决困扰人们的难题。比如，数学计算是各种高科技行业的基础，比如航空航天、基因工程等。在思考基础上去推理、去验证、去推翻、去重建，使人类文明不断前进。

那么，如何提升自己的推理能力呢？

（1）多阅读一些分析推理类的书籍，或者多看一些类似的电影；

（2）在学习中注意方法论的积累，不要看一道题就是一道题，要去钻研其中的解答方法，比如排除法、分析法、假设法等；

（3）掌握真正的因果逻辑分析，懂得事情之间的逻辑关系，如同下棋一样，要有全局观，而不是只看到一点。

像侦探一样破解谜题

很多人都喜欢悬疑类小说和电影,这些环环相扣的逻辑故事,令大脑高速运转,在一步步破解谜题的过程中,我们既能体会到思考的快乐,也可以逐渐掌握思考的捷径与规律。

下面我们就来介绍几种常用的推理方法。

■ 演绎推理:按部就班的三段论

逻辑三段论,也叫直言三段论,是逻辑学三大方法之一,通常包括:大前提、小前提和结论。其中大前提可以是我们已经知道的一般原理,小前提则是设题情况,结论就是基于一般原理、对某种情况作出的逻辑判断。

所有的 A 都是 B,所有的 B 都是 C,结论:所有的 A 都是 C。这就是最简单的逻辑三段论模式。

举个例子,亚里士多德的经典 Barbara 三段论:

大前提:如果所有人都会死

小前提:所有希腊人都是人

结论:所有的希腊人都是会死的

这个例子虽然荒诞,但表达了整个三段逻辑的基本思路,我们在学习中不妨也把事物和问题分成三段来练习,这样有助于更快了解推演逻辑的基本法则。

■ 类比推理:从相似点出发,强化联系

类比推理是演绎推理的一种形式,这个过程从观察开始。根据两个对象在属性上的相似,推断出它们在其他属性上的相似性。类比推理分为完全类推和不完全类推,前者是完全相同情况的推理,后者是存在相同的方面和不相同的方面两种情况。

通常我们可以先寻找两者之间的一些关联,比如阳光和紫外线,这两个元素是整体与部分的关系,紫外线是阳光的组成部分之一,所以跟这个类比相似的应该也是整体与部分的关系,比如海水和氯化钠。

想要使用类比推理,可以从以下几个方法入手:

(1)代入法。按照填空的方式把两个元素代入,比较逻辑关系的成立与否;

(2)排除法。将所有的选项都看一遍,找到与题设不同的排除即可;

(3)造句法。如果两个元素的关系有些模糊,不妨自己造句,给出更多的题设背景和信息,也能够帮助我们进行判断。

■ 归纳推理:由特殊到一般,总结共性

归纳推理,又叫归纳逻辑,是基于观察和收集现象的推理过程,对于观察现象的样本量会有要求,属于"眼见为实"的有限观察。

举个例子：所有的乌鸦都是黑色的，这是我们观察到的现象，那么结论就是：所有的乌鸦都是黑色的。但事实上，有些乌鸦是白色的，因为没人能够观察到世界上的每一只乌鸦，因此导致推理结果并不一定是正确的。

因此，归纳推理是否属于逻辑演绎法，在哲学界一直颇有争议。但大多数情况下，我们都认为归纳推理是有说服力的，也就是说，归纳推理的结论也许并不具有约束力，但一定是代表了普遍化的结论。

数学是锻炼逻辑思维的最好方式

大脑是需要训练的,青春期的脑细胞最活跃,是训练逻辑思维能力、提升认知水平的好大时机。

数学是锻炼逻辑思维的最好方式,因为在数学的世界里不存在主观观察,全部都是逻辑推演的过程,就像是平面内三角形的内角和一定是 180 度一样,所有的基本原理都在那里,我们要做的就是基于这个原理去推论、去证明、去得出结果,不同的人做同一个数学题时,得到的结果都是一致的。

■ 数学没你想得那么难

每个班都会有几个同学在数学方面非常有天分,当别人还在苦思冥想的时候,他已经能够举一反二了,当老师还在讲第一种解题思路的时候,他已经用三种方法把结果论证了出来。

但如果让大家给各个学科的难度排序,相信不少人会把数学放在前面。其实,数学成绩不理想的同学,大多存在一些方法上的错误。

为了避免出现方法上的错误,我们应该怎么做呢?

(1)学会审题

审题不清是很多同学容易犯的错误,比如很多题目看似复杂,实则简单,只是被我们过度解读了。

(2)懂得基本原理

想要了解数学的深奥问题,基本原理就必须知道,比如解方程

的公式等，这部分内容确实很考验记忆力。

（3）学会类比

数学的题目中有些问题是存在共性的，这也就是有些人做一道题就等于做了一类题的原因。

（4）学会总结

准备一个错题本，可以帮助我们直观地看到自己常出现的逻辑缺陷，避免犯同一个错误。

（5）反复练习

基本上所有的数学和逻辑思维都需要通过大量的练习来获得稳定的能力，不要对老师留下的作业和习题感到抗拒和厌倦，这都是进步的阶梯。

■ 把垂直思考和水平思考结合起来

垂直思考，通过一系列的步骤推理得出结论，只要步骤是一环扣一环，没有出错，那么结论大概率也不会有问题。水平思考，能够起到纠错的功能，也就是说在推理过程中进行比较和尝试，确保结论的普遍性和正确性。两种思考方式要结合起来，才能够保证自己的逻辑推理结论是最适合题设的。

在数学学习中，垂直思考侧重于原理的挖掘和学习，水平思考侧重于练习和使用。虽然目的不同，但最终都是为了相辅相成地完成整个推演的过程。

举个例子，垂直思考就像是挖了一个很深的坑，把解题原理吃透；水平思考就是在大面积地挖坑，用这个解题原理去解决所有同类问题，强化辨别问题类型的能力和快速批量处理问题的能力。

第三章

创造力:像颠覆者一样考虑问题

  从青铜到纳米材料,从燃烧木材到核能发电,我们的世界离不开创新,年轻人千万不要小瞧自己的创造力,哪怕现在只有一点点的火苗,也许在不久的将来就能够燃起文明的希望。

创造是每个人与生俱来的能力

创造是一种从无到有的行为,很多人总觉得自己没有创造能力,甚至觉得创造是别人的事情,而自己只适合做重复性的事情。

殊不知,创造是人类与生俱来的能力,是由智力、情绪、动机和道德共同产生的行为,更是大脑的基本功能之一。也就是说,创造力一开始没有差别,但是通过锻炼,就能发生质的改变。

■ 喜新厌旧的大脑

你最喜欢上什么课?挥洒汗水的体育课,挥斥方遒的语文课,苦思冥想的数学课,还是妙趣横生的科学课?经过调查,半数以上的青少年对实验类的课程都更有兴趣,在这些课程中,我们能够自由地尝试、设计、创造,体验到层出不穷的乐趣。

这也说明大脑有着喜新厌旧的特性。举个例子,著名设计师设计了一套服装,然后每个品牌都去学习这个风格,这一季的服装风格就会特别单调乏味,整个设计市场都失去了多样性。因为大脑需要新鲜的信息来刺激神经,否则就会"审美疲劳"。这也是为什么你不喜欢反复抄写和背诵同一篇文章,但可能喜欢绘画、唱歌、跳舞的原因。

其实大脑很有趣,一方面它喜欢节省精力的事物,一方面又会对复杂无序的状态着迷。比如,你也许不喜欢复杂的物理理论,但你喜欢看科幻电影;你也许不喜欢冗长的文章阅读,但你喜欢自己创作剧本,这就是大脑的特点。

由此可见,创造力强的大脑所表现出的共同特征是:思维开放,容易接受新鲜、复杂和不明确的事物。

■ 为什么我们缺失了创造力

主动失去创造力,通常是从故步自封、懒于思考、喜欢走捷径开始的。

当我们发现一件事情通过模仿就能达到目的,那么就不会花精力去创造了,比如写作文,很多人会认为,既然作文按照套路就可以得高分,那我为什么要去开创自己的思路和文风呢?既冒险,又费劲,最后得分还不一定高。如果滥用借鉴和模仿就会成为桎梏我们创造力的牢笼。

被动失去创造力,则是为了迎合。当大家都如此做的时候,一个与众不同的想法或做法,就显得非常扎眼。俗话说,枪打出头鸟,因此我们有时候被迫牺牲部分创造力去迎合众人。

■ 让创造成为一种需求

如何让大脑始终保持创造力?如何让我们不感到生活乏味呢?其实很简单——拒绝在该体验的年纪躺平。

如果觉得自己压力太大,那就去创造一种更加舒服的竞争状态;如果觉得内卷严重,那就去创造一条新的跑道,凭借努力让自

已摆脱内卷的状态；如果觉得自己真的要躺平了，那就去走走、去看看，让大脑接受新的信息，发现更多没有见过的美好，让创造力重新回到生活当中，并且升级成勤于思考、自主思考的系统化创造力。

当创造成为一种需求后，生活会发生这样的改变：

当你拿起笔要写一篇作文时，不会下意识地想去查阅网上的范文，而是积极调动自己的存储与积累，许多思路也会从大脑里涌现出来。

当你面对难缠的问题时，不会只想着如何走捷径、翻答案、求帮助，而是把眼光尽量放得长远，让自己站在更大的格局上思考问题，致力于创造一种全新方法，更简单地解决它；

当你参加集思广益的头脑风暴时，不会再沉默不语、随声附和，而是积极地畅所欲言，提出不同的思路、不同的观点，与他人友好互动，在这个过程中，极大程度拓宽了自身想象力的局限，最终获得有创意的思路和想法；

当你面对一潭死水般的生活，不甘心听天由命，而是善于挑战自己，勇敢地打破现状，让更高的目标指引你的前进方向。

批判思维——"真的是这样吗?"

创造力是一种思维方式,这种思维方式的基础就是质疑。假若你觉得身边的一切都合情合理,那你就失去了创造的动机。

什么是批判思维呢?简言之,有意识地整理现有信息,审视现有的原理和原则,深度理解和判断后,做出更好的决策。也就是说,批判思维的目的不是推翻,而是优化。

■ 不再迷信权威

敢于质疑,敢于发问,是批判思维的典型模式。想要拥有批判思维,可以从不再迷信权威做起。

意大利科学家伽利略挑战当时人人信奉的亚里士多德,经过反复的实验,坚定地走上比萨斜塔,当两个球同时落地的那一刻,人们惊讶地发现这个年轻人的想法竟然是对的,这也进一步推动了当时物理学的发展。

这里说的不迷信权威,并不是做"杠精",而是一种经过了自己独立思考和反复验证的创新思维方式,我们发现问题、提出问题、验证问题,然后提出观点,这才是真正不迷信权威。

(1)发现问题,勇敢地提出来:"真的是这样吗?"不要害

怕自己说得不对，创造的过程需要勇气，既需要质疑的勇气，也需要承担错误的勇气。

（2）敢于对不合理说"不"。安静、听话、顺从、不会提出异议，在很多人眼里这就是"乖"，不能为了变成乖孩子，而不敢坚持正确的观点。面对不合理的思维方式，或者明显存在逻辑错误的事情，要学会拒绝。

（3）学会验证。就像那些推翻权威的人一样，既然要质疑，就要有证据，这样才有说服力。因此，在做任何质疑之前，最好是能够收集一定的信息来证明自己的观点，这样才能在表达质疑的时候更加有底气。

■ 试探性地"找茬"

如何才能让自己逐渐拥有驾驭批判思维的能力呢？

（1）从基础问题入手

大多数时候，一个过于复杂的解释往往会让问题变得更加复杂，所以在通过批判思维激发创造力的时候，我们要釜底抽薪，找出最基本的问题，加以合理解释，然后慢慢寻求答案。

（2）对假设进行试探性质疑

试探性质疑，指的是不带有强烈抨击色彩的质疑。比如，爱因斯坦一开始并没有想推翻牛顿的经典力学，他只是对某些实验条件进行了质疑，并且小试牛刀地加以验证，最终发现了相对论，解释了高速运行的物理世界。

（3）注意自己的心理状态

提出批判是需要勇气的，接收别人的反驳更需要勇气。尤其是自己对某件事提出异议后，权威和大众给我们的反馈是"你错了""好像不对吧""你是在鸡蛋里挑骨头"，这些评价很容易引发自我怀疑和自我贬低：或许确实是我错了。在这个时候，我们要关注自己的心理状态，强化自信心，不要让主观的心理判断影响自己的批判思维。

（4）懂得评估证据

试探性地找茬，还包括对证据的判断，我们在质疑某件事的时候，这些证据来自哪里？是否可信？同样也要加入审视的行列。也就是说，假如自己都可以推翻自己的论点，那么这个论点是站不住脚，没有可信度和说服力的。在评估的时候，我们要做到既不被别人所左右、又可以听取别人建议，这样才能辨明事理、分辨好坏。

■ 可信度低不意味着错误

面对信息，我们经常会问一句"可信不可信"，因为信息是逻辑判断的基础。我们之所以会相信权威，是因为大量经验告诉我们，他们说的观点大多数情况是正确的，更符合我们观察到的世界。

因此，与权威相左的言论和观点通常都会被贴上"不可信"的标签，包括我们在质疑权威时提出的异议、对旧方法做出了改良，这也让我们不禁自我怀疑"我是不是想错了？我是不是算错了？我是不是看错了？"

尽管权威信息的出错概率很低，但这并不代表那些来自非权威

的可信度低的信息就是错误的。"可信度"这个词常见于统计学，它只是告诉我们在这个数集中，这个结果的可信度是多少，并不是告诉我们这个结果是对还是错的。具体的对错，还要结合所有的背景来判断。比如引力波的理论是爱因斯坦百年前提出的，当时很多人都说这是爱因斯坦通过方程预测出来的、可信度很低的一种物理现象，可事实证明爱因斯坦是正确的。

也就是说，创造力是不能用可信度来运算的，即便只拥有很小的可能性，也值得我们重视。

发散思维——"或许还有其他方法"

在日常生活中,大脑有两种思考问题的方式:聚合性思维和发散性思维。聚合性思维就是针对某个范围内的某个问题进行的环环相扣的逻辑推理;发散性思维则是一个比较宽泛的思路,通过广泛的数据收集,产生不同的方案,开放性的结论是发散性思维带给我们的惊喜。

当我们和朋友吵架的时候,逻辑思维基本上是没有用的,如果非要"以理服人",那往往会把情况越弄越糟糕。而发散思维则会帮助我们跳出这个框框,换个方法去解决矛盾,比如讲个笑话、请朋友喝奶茶,这听起来跟你们的矛盾也许毫无关系,但却能更好地使我们摆脱当前的困境。

■ 看见另外一种可能性

发散思维可以根据收集到的信息产生多种方案和思路,也就是说,我们可以获得除了逻辑推演出来的结论之外的结论,这些结论不一定都正确,但却给我们解决问题带来更多的思路和方案。这也是创造力的体现。

我们的世界是复杂的,当使用单纯的逻辑思维无法解决问题的时候,发散思维反而能带给我们更多思路。

那么，如何正确使用发散思维看到事物的另外一种可能性呢？

（1）保持好奇心

对于未知的好奇，是创造力的基础，也是发散思维的来源。有时候，接受现实确实很容易，但这也会扼杀我们的发散思维。老老实实地墨守成规虽然不会偏离轨道，但永远也不会有令人惊艳的成绩。

因此，我们要保持思维上的开放性，多去想想：1为什么是1？2为什么是2？如果1是2，那么这个世界会发生什么样的变化？如果用二进制代替十进制，眼前的数学计算题应该如何书写和解答？……如此发散地思考下去，好奇心就会驱使我们探索从数字到数学、从数学到科学、从科学到现实、从现实到未来的多种可能性。

就像画画一样，要画在尽量大的画布上，不要把自己框起来，否则不但局限了自己的想象力，也局限了自己的人生。

（2）做任何事情都多想几个主意出来

我们常说，不要在一棵树上吊死。想要避开思维的死胡同，有个很简单的方法：平时多锻炼自己的思维，想法多一点，我们的生活会有更多的选择，会有更多的路可以走。如果一个人能够同时拥有多种思维方式，那么在面对困难的时候就不会束手无策。

（3）不要着急否定新想法

生命就像一条长河，你让它流动，它就是活水，你让它静止，它便是死潭。如果总是习惯地扼杀自己的新想法，那么我们的发散思维就会被限制。

因此有了新想法，先不要急着否定，先去思考、去试探、去论证，也许真的别有一番天地呢。

■ 区别想法与事实

人最美好的能力就是想象力，最有魅力的想象力是既天马行空、又合情合理。然而那些完全脱离现实的发散思维，最终只是毫无价值的空想。

很多人喜欢研究永动机，这在物理学上已经被多次证明是不可能的事情，即便屡屡失败，他们依然乐此不疲，这种想象和创造力对于生活没有太多的好处，只能给自己解闷。真正的创意、创新、创造，是对现实问题的百花齐放，而不是不着边际的空想。

所以，我们一定要时刻注意区别想法与事实，避免想得太远、想得太偏，这样才能让创造力更具有实用价值。否则无休止的空想会与我们的初心背道而驰。

比如，写作业的时候，从"这道题的解题方法"想到了"一会儿踢足球要排一个什么样的阵型"，"踢球的想法"早已脱离了"解题的事实"，这种不着边际、过于跳跃的发散思维就是错误的。我们需要创造力为我们所用，而不是成为我们不专心、不专注的借口。

当有了一个奇妙的想法时，我们不妨先把这个想法对应的问题写下来，将其作为一个事实标准，然后继续思考，如果这时发现自己的思想已经跑题，偏离了这个"标准"，那么就要赶紧把思路拉回来，重归正轨。

在进行发散思维的时候，我们还可以多问几个"为什么"，在做这件事情的时候，也多问几个"为什么"，试着用事实作为依据

加以解答。一个人盯着星空去想象太空的样子,和一个人看着星空、开始查文献、去天文馆学习天文知识是有本质区别的。学会质问自己,学会反复验证,是不脱离现实、又不拘泥想象的一个好方法。

■ 动脑,更要动手

有了一个鸡蛋就想拥有一个养鸡场,这样的想法往往不容易实现。只有把自己的目标分成一个一个小任务,然后想尽办法去实现每个任务,这样才能最终获得自己想要的东西。

也就是说,发散思维的目的是提出更多的解决方案,从更多的可能性中发现最佳的方法。

通过发散思维产生的方案,提供了更多的可能性,但只坐在家里靠空想是不行的,需要我们去体验、去论证。在这个尝试过程中,不断地去优化自己的发散思维。比如,我们想做一个能飞很高的风筝,不能想出好多方案之后一直不动手,而是应该针对一个方案去尝试,发现问题,再进行新的调整。想到便行动,行动便要有结果,有了结果还要有数据分析,有了数据分析后,改进方案。

不要害怕犯错,有错误,才会有突破;有改变,才会有创新。詹森效应和墨菲定律都告诉我们:越是害怕发生,就越会发生;越是害怕犯错误,犯的错误就会越多。与其这样,不如给自己更多的机会去试错,给自己更多的机会去成长。我们当然可以选择留在安全区,那里不会出错,但是也没有进步的空间。

总之,发散性思维一定要配合相应的行动才能有效果,思维指导行动,而行动的动机就是我们的目标。

逆向思维——"假如我不这么做"

逆向思维，也叫作求异思维，就是放弃对已经形成的概念和观念，放弃原来的思维模式，采用相反、对立的方法来解决问题。

逆向思维的基本原理是：事物都是存在对立统一的，而且对立面可以改变的，在不同的环境中，各种情况都会改变。逆向思维和批判思维有普遍关系，适用于生活学习中的各个领域。

■ 了解普遍的规则

逆向思维的形式有很多种，要了解逆向思维，首先了解事物的普遍规律。也就是说，想要找到跟原来思路不同的方法，就要懂得原来的思路是什么。如果不了解某件事物的基本属性，那么逆向思维就无从谈起。

了解普遍规律与我们之前锻炼思维模式是一样的，要学会收集信息，观察事物，并且通过独立思考，得出普遍性的结论。

学习书本上的知识是了解普遍规则的捷径之一。我们为什么要上学？为什么要考试？当然不是为了一生能得到几个满分，最重要的目的是普遍规则的知识沿袭。人类过去积累的知识和规则都在书本上，这些普遍规则是现有科学水平上已经确定的思维方式，这些

方式是创新的源泉,也是创新的基础。

除此之外,我们也可以通过观察大多数人的选择和思维模式来学习普遍规则。从哲学角度讲,大多数人选择的生活往往就是最值得被选择的。我们在学习普遍规则的时候,也可以建立这样的思路,面对某件事物时大多数人采用的思维模式,大概率反映了这件事的普遍规则。

比如,当我们想要提高自己的数学成绩时,大多数人会废寝忘食地大量刷题、做各种模拟卷、向数学成绩更好的人求教,这就是一个普遍规则——勤能补拙。

■ 打破不合理的规则

人的大脑是有惰性的。就像在地铁站,大部分人都会站在拥挤的电梯上,即便旁边的楼梯空无一人,也鲜有人会走。不是说大家不愿意爬楼梯,而是大家的潜意识都认为这种情况下就应该坐电梯上去。这就是普遍规则,虽然不够合理。

逆向思维的重点就是要打破规则,换一种思路。但我们必须明白,这种打破不能是毫无意义的,打破旧规则的前提是发现了旧规则中的不合理之处。就好像广义相对论和狭义相对论一样,因为有一些物理现象是狭义相对论无法解释的,所以才有了广义相对论这种特殊的思维。可以说,逆向思维打破的是不合理的现有规则,开辟的是创新的思维模式。

逆向思维一定具有批判性,因为这种新的思维模式肯定是与现有的思维模式相冲突的。想要拥有逆向思维,就要成为一个戴着批判眼镜看世界的人,学习加上审视,基于自己的思考,才能够打破不合理的规则,创造出新的思维模式。

■ 创造更适用的规则

如果在学习的过程中需要普遍规则,那么逆向思维则更适用于创造发明。人类从未停止创造的脚步,否则我们如何能看到日新月异的今天呢?

大家都知道破冰船吧,就是能够切开冰面,在冰封的海上航行的船只。传统的破冰船其实一开始是依靠重量把冰面压碎,所以船体的头部材料需要做得十分坚硬,但这样就导致船体非常笨重,尤其是转向的时候非常不方便,机动性差。于是苏联的科学家利用逆向思维,从"向下把冰压碎"的破冰机制变成了"把冰推上来,自下而上地破冰",一举解决了这个难题。

对于创造力而言,逆向思维是基本思路,分为以下几种类型:

(1)差异逆向思维:观察事物中与众不同的特殊属性,是逆向思维的产生原理之一。也就是说,面对很多类似的元素时,要学会发现每一个元素中的特殊属性,才能为逆向思维提供可能性。

(2)反转型逆向思维:把事物思维的方向进行翻转,看山不是山,看水不是水,得到创造的途径。

(3)转换型逆向思维:对于一些常规方法解决不了的问题,可以多换几种不同的思路。比如,司马光砸缸的故事,既然自己的能力不足以捞出落水的孩子,那就把"救人"转换为"放水",通过让水离开人,实现救人的目的。

(4)缺点逆向思维:把一件事物的属性完全改变,变废为宝,创造出新的事物属性。比如,一件漂亮的衬衣袖口破了,正常的思维可能是去修补,或者再买一件,这时候完全可以反过来想想,能否把这件衣服的袖子减掉一半,使之变成一件短袖呢。

通过以上几种思路,逆向思维可以帮助我们解决一些日常很难解决的问题,可以帮助我们另辟蹊径,找到最优的解决模式。

联想思维——"不妨再举一个例子"

不知道大家有没有感觉到,随着年龄的增长,小时候的那些奇思妙想好像越来越少了。不管做什么,我们都希望有一个现成的模板,害怕"从无到有"的创造过程。

伴随着创造力的削弱,我们的联想思维能力也跟着慢慢被禁锢了。当我们看到考题上写着"你有没有过类似的经历?你还能举出相似的情况吗?关于这件事,你还想到了什么"时,竟然感觉头脑空空、无从下笔。这种"卡壳"状态,其实就是联想思维能力不足的表现。

■ 可以看见不在眼前的事物

联想思维是我们根据现有的信息和思维,对事物进行的联系想象,这种方法被广泛应用于记忆训练、读书训练等。尤其是将几个毫无关系的事物联系起来,以便更好地记住顺序。联想思维可以帮助我们看见那些不明显的关系,或者并不在眼前的事物。

比如,我们在上课的时候,如果老师的PPT做得漂亮灵动,我们的学习热情就会比较高,对知识的理解也会比较好;相反,如果PPT做得枯燥无聊,那么这节课学到的东西也会很有限。PPT背景颜色和我们的学习效果看起来毫无关系,实际上却有看不见的

少年底层能力说

联系起着重要作用,尤其是心理作用。只有那些擅长联想思维的人,才会敏锐地察觉到PPT背景颜色和学习效果的关系,直击问题中心。

联想是心理基本活动之一,但和一般想象不同,联想是由现象基础产生的关系,也就是说,联想思维本身就具有逻辑必然性。

举一反三是一种典型的联想思维。在看到"快"这个字眼的时候,你的脑海里会闪过什么呢?呼啸而过的高铁?从高空中自由降落的花盆?还是日行万里的飞机?即便我们的眼前并没有高铁、花盆、飞机,但仍旧可以在脑海中想象出它们的画面,因为它们与"快"的逻辑联系是非常紧密的,以至于我们可以不假思索地、下意识地想到它们。

■ 从"冷门"中寻找"热门"

如何才能锻炼我们的联想思维?这就需要我们能够从事物中发现隐藏的联系。如同在茫茫沙漠中独具慧眼地找到一片绿洲。换言之,我们要从冷门的思路中,去寻找热门的关系,去寻找大家都能感受到的逻辑联系。

(1)积累丰富的信息

平时我们要多去感受,大自然也好人文社会也好,要扩大自己的感知储备量,这样才能够有足够的元素去联想事物之间的关系。

(2)练习比喻、类比等方法

说话的时候,经常打比方,有助于增加自己的联想能力。

（3）练习想象力

虽然联想思维和想象不同，但大脑的运作模式是一样的，都要靠想和思考，因此，多让自己想象，能够扩宽自己的联想边界，自然也更容易看到关联性。

■ 元宇宙：人类目前想象力的极限

元宇宙的设计理念，其实就是利用联想思维创造出的一个新的概念，我们的想象力有多远，我们就能到多远。

这里的所有事物都是虚拟的，这些事物间的关系基于我们生活中的普遍规则，但又完全不同。比如，你要买一件衣服，不需要再去试穿，而是点击几个按钮，新衣服就会出现在你的角色身上，这和游戏也不同，游戏是你的操作感，而元宇宙更注重你的体验感，也就是说让你在虚拟世界中体验真实世界。

我们不讨论元宇宙对人类社会的好与坏，但就联想思维锻炼这一方面，元宇宙的确给我们的想象力带来了开创性，也让我们看到大脑的强大。

灵感来源于生活

创造力并不是可望不可即的事情,它往往基于我们日常生活中随处可见的信息和元素。

如果我们关注每年的机器人大赛,就会发现,目前我们对人工智能的设计全部是基于人类本身,我们踢足球,就设计一个会踢足球的机器人;我们需要人聊天,就设计一个会聊天的机器人等。

这不就是我们说的"灵感源于生活"吗?

■ 有趣的灵魂藏在无趣的日子里

同样住一楼,有些邻居家就会把小院子和阳台种满花花草草,放上自己设计的假山,小溪潺潺,颇有一番风趣,有的邻居阳台就十分荒废。当然不是说哪种更好,只不过同样是平凡的日子,有趣的灵魂也许能带来更多的创造性和快乐,也会让日复一日单调的生活变得色彩丰富。

其实学习和工作都是枯燥重复的行为,可是一个有想象力、有创造力的人,总是能从一成不变的生活中发现别样的乐趣。

同样上物理课,有些同学只是疲于学习各种原理和习题,有些同学却真的会把物理规律拿出来应用。在印度电影《三傻大闹宝莱坞》中，主角兰彻面对高年级同学的霸凌，用电线和灯泡做了一个导电小装置，狠狠惩罚了企图欺负他的学长。在工程大学的枯燥高压下，兰彻总是学以致用，把生活中能够拆解的东西都拆一遍，发挥想象力把其他人的项目改造成更有意思的小工具。这种充满创造力的学习方式，不但让他的生活变得更有趣，最后还让他轻松地取得了年级第一的好成绩。

在周而复始的日常生活中，充分利用自己的想象力，把每件事都变得更有趣一些，这样既可以减轻压力，又可以锻炼自己的创造力，何乐而不为呢？

■ 观察力是创造力的基础

如果我们细心观察，就会注意到世界上几乎每一件事情都能够引起我们的联想，每一朵花，每一条河，都可能点燃我们的创造力。只要我们能够换一个角度去看问题，只要我们能够用发散的思维去理解这个世界，这个世界最不缺的就是创造力。

善于观察是创造的基础，创造需要灵感，灵感来源于平时的生活，这就是最基本的创造逻辑关系。牛顿被苹果砸了头，联想到了万有引力。我们的眼睛感受到大自然的颜色是最和谐的，五彩的花朵、绿色的草地、蓝色的天空、橘色的夕阳，人类对美的创造全部源于对自然的观察。

观察不仅仅是看，更多的是感受，观察的另一个目的就是发现。我们发现了什么细节，想到了什么事物，找到了什么规律，积累了什么经验，都是我们思维的基础，也是我们创造的起点。

■ 领悟力是创造力的加速器

观察力和领悟能力息息相关，你看到了什么，感受到了什么，瞬间领悟到了什么，最后才能形成创造力，也就是说领悟能力是创造的加速器。一个人如果只会看，不会想，那他的创造力就会大打折扣了。

观察、感受、分辨、领悟，这是一个连锁反应。我们要对观察到的信息进行分辨，不仅仅是分辨对和错，更多的是分辨这些信息是否有用、是否能够用来创造。而这种分辨能力来源于经验，也就是说，来源于更多的观察和思考。分辨的初级阶段是找不同，取其精华，去其糟粕；分辨的高级阶段是逻辑上的区分，通过各种排列组合的假设，选出最优的选项或方案。

中国有句俗语，听君一席话，胜读十年书。我们不仅要主动提升自己的思维能力，在观察之后进行分析、总结，还要多听取别人的观点和经验，集思广益，才能开阔视野。或许在谈话间，某个词、某句话恰好点醒了你，让你在一瞬间体会到醍醐灌顶的感觉。

第四章

适应力：在任何变化中都能游刃有余

　　物竞天择、适者生存。适应能力是决定我们舒适范围大小的重要因素。与其羡慕那些遇到事都表现得游刃有余的人，不如从今天开始循序渐进地提升自己的适应能力，让自己面对任何变化都能泰然处之。

少年底层能力说

这个世界唯一不变的法则就是变

虽然我们都相信，通过努力可以改变命运，但是也发现，想凭借一己之力改变环境是很困难的。当我们无力改变环境时，最好的做法是适应环境、利用环境，这样往往可以达到事半功倍的效果。不论是生活还是学习，能够适应环境以及环境中的变化，是我们应该具备的基本能力。

■ 为什么有的学霸后来一事无成？

为了保持沙丁鱼的活力，渔民会往装沙丁鱼的池里扔上几条鲶鱼，这样就会激发沙丁鱼的竞争动力，促使沙丁鱼在池子里一直保持着活力，这样到了岸边，渔民就可以卖个好价钱。

从鲶鱼效应中我们可以体会到，竞争是保持一个群体活力的直接推动力。不论是竞争资源还是竞争空间，竞争可以加速环境的变数，也就迫使身处其中的人快速成长。

一个不懂得如何适应变化、抗拒成长的人，早晚会遇到发展的瓶颈。为什么最近几年媒体都不再大肆宣传各地的高考状元和学霸？这是因为过度宣扬学霸，反而容易导致个别同学觉得自己已经走上了人生巅峰，骄傲自满地沉浸在过去的成绩里，在大学学习期间反而没有以前那样努力了，结果大学毕业之后，并没有达到自己的人生预期。

学习《伤仲永》的时候，老师一定会告诉大家，千万不要成为方仲永，也就是说，不要躺在自己过去的成绩上，不去成长，不去改变。一旦有了这种惰性思想，那么距离被淘汰也就不远了。

■ 适应力决定我们能走多远

适应力是面对变化时的自我修养，也是能够尽快融入环境，并且利用资源的一种能力。成长在单一环境、单纯环境、稳定环境中的青少年，在面对升学离家、毕业入职等重大人生转折时，只有适应力强的人，才能从容面对生活带来的挑战，毫不畏惧地前进，更好地应对各种环境和困难。

小到更换座位，大到更换生活的城市，适应力在我们的生活学习中起到了举足轻重的作用。我们所处的环境充满了变数，也充满了竞争，今天你占优势，明天可能就占劣势。举个例子：低年级阶段需要记忆的部分比较多，而逻辑思考的部分相对较少，所以记忆力比较好的同学成绩就会相对好些，随着年级的升高，需要理解的内容增多，擅长逻辑思考的同学就有了更为明显的优势。

变化是社会前进的标志，也是大浪淘沙的号角。优胜劣汰，适者生存，这是自然规律。面对日新月异的变化，我们希望自己永远不被淘汰，最好的方法就是成长，让自己能够适应变化、预判变化。

■ 所谓适应，就是自然而然地融入

一位旅行家，独自一人周游世界，有人问他："你如何支撑旅行的费用呢？"

少年底层能力说

他毫不在意地告诉对方:"我对物质的要求不高,只是想在有生之年看尽这个世界的一切,不论是美好还是丑陋,走到一个地方,钱花光了,我就停下来打工,攒够了钱,再继续上路。"

他继续说道:"一个人最重要的是知道自己想要什么,只有正视心中所求,才能认识自己,才能解放自己,才能让自己的生命更有价值。旅行的意义不在于走了多远,而在于你感受到了什么,领悟到了什么。"

这位旅行家的生活好像是一个现代的苦行僧,有钱时,他快乐地奔波在陌生的道路上,没钱时,他便随遇而安,在陌生的城市中安心暂居。这就是一种对于新环境的自然融入。

改变自己、适应变化,不是轻描淡写地随便说说,也不是强硬地把自己现在的思维模式或者生活习惯彻底改变,真正的改变是自然地融入。我们要培养的适应力,不是迎合,也不是放弃,而是加入新的环境,很快地融入并适应,以便更好的生活和学习。

(1)保证每天都学习到新知识

不需要每天都学会什么新技能,只要今天比昨天多懂得了一个小道理、明白了一个小知识点就可以。为什么有的人从初中升入高中没什么特别不适应的?因为很多同学会提前预习部分高中课程,或者结交一些高年级的同学,这些提前的准备和学习就是自然融入新环境的一种适应力。

(2)不要害怕自己格格不入

面对新的环境,手足无措是正常的反应,不要对自己有过高的要求，让自己有一个时间去适应、去过渡，不要强迫自己一定要在一瞬间完成适应，因为强迫自己去改变，心理会产生抗拒，以后再面对改变的时候，很有可能产生条件反射的拒绝。

（3）把改变当作一种家常便饭

换了同桌，正常的；换了学校，没关系；换了文理科，小场面。不断给自己进行适应的心理暗示，这样有助于我们自然地融入改变。对环境依赖比较强的同学，不妨从小事开始，比如换掉自己用习惯的一支笔，或者改变一下平时上学的路线等。

（4）心态积极地参与良性竞争

对于刚刚步入高年级，或者刚刚走出校门的同学来说，大家都是未经过社会磨炼的年轻人，躲避风险是我们的本能，可是想要生存下去，想要成长，我们不能害怕失败，要勇敢地参与良性竞争，展示自己的优秀，让自己适应环境。

不积跬步，无以至千里。改变，是一点一点地适应过程，放宽心，慢慢走就好。

适应过程比结果更有价值

适应力是帮助我们成长的能力，相较于我们最终踏上的坦途，一路走来的风景和努力才是我们最大的财富。

■ 这是改变心理惯性模式的过程

适应的过程就是改变的过程，从心理上来说是改变自身思维惯性的过程。

大脑有时候会本能地拒绝改变，因为这样能减少思考成本，这让我们时常安于现状。比如说，我们适应了平面几何的辅助线做法，很多同学在学到立体几何的时候就非常不适应，因为大脑习惯了平面上的思考，忽然看到立体辅助线，让我们觉得十分头疼。

在不断提升适应力的过程中，我们的心理惯性也发生了悄然变化，不知不觉间，减少了自己对外界改变说"不"的次数。

比如，当老师提出了一个新问题，如果是以前，我们或许只会默默祈祷"千万别点我回答"，或是小心翼翼地说一句"我不知道"，而现在我们会真诚且平静地说："这个知识点我没有接触过，现在还不能给出正确回答，不过我放学回家会查阅一下资料，您明天再来问我，我就能给出答案了。"

当我们一开始就拒绝改变，心理的惯性一下子就会暴涨。当我们的适应力慢慢提升的时候，心理惯性就会慢慢减缓，不会再条件反射般地抗拒新生事物、外来事物、未知事物，不会立刻表现出迟疑、对抗、逃避的情绪，也不会轻易去拒绝。

■ 适应可以增强自我监控意识

适应的过程也是成长的过程，是我们逐渐关注自我意识的过程，也是通过监控周围环境变化来记录自我发展的过程。

每个人都面临着属于自己的成长过程，从小到大，我们一定会发现别人的意见和建议有时候并不适用，最终往往是靠自己的思路找到解决方法。自我意识由此被激发出来。

在自我意识的发展过程中，我们能够看到自身的变化与成长，也可以干预自己的成长。换言之，适应完全是主观能动性的体现，不存在被动的适应，被动适应不会带给我们任何成长。

我们会不断观察自己的各种变化，对照分析在面对同一个问题时是否还会有一样的想法。

比如，在小学阶段面对英语课的态度，和在高中阶段面对英语课的态度是否一致？这是判断是否适应的一个重要标准。如果我们讨厌一件事，过了很久还是一如既往地讨厌，这说明我们对这件事情完全不存在适应的行为。

再比如，我们的朋友圈子是否总是那么几个人？在成长的过程中，是否有新的思维、新的朋友？假如我们的意识一直停留在过去，那么我们也不会交到新的朋友。相反，那些新朋友越多的人，成长的速度也就越快，自我意识的觉醒也会跟着变快。

■ 适应可以提高模糊接受度

适应的过程也是提高模糊接受度的过程。什么叫接受度,其实就是我们对环境变化的承受能力,为什么婴儿总是在啼哭?因为他们的世界非常简单,稍有改变就会引起他们的焦虑,而我们很少见到一个成年人为了掉在地上的冰淇淋哭泣。这是因为随着成长和改变,成年人适应了这些突如其来的变故。这个接受的过程并不明确,而就是这种模糊的接受过程,才让我们自然而然地适应了变化。

这个开放的态度或者心态,不仅仅是提高接受度的前提,其实也是适应力的前提。一个故步自封的人不可能适应新的变革。而我们说的模糊接受度就更加强调了"自然而然"的改变。

那么,如何从小事着手开放心态,面对改变呢?

(1)尝试新鲜的事物

新的歌曲、新的书籍,体验新鲜的事物,能够让我们的心态变得更加开阔。

(2)提出新的见解

只要我们面对问题时有新的想法,就大胆提出,不要害怕是错的,这样可以大大提升我们的创新能力,同时拓展我们的思维方式。

(3)多与人进行交流

沟通是开放自己内心的一个重要途径。表达自己,让别人理解自己,倾听别人,去理解别人,这个过程是人类建立社会联系的过程,也是我们打开自己内心的最初方式与最简单方式。

我们不缺少适应力，只是怕失去能力

太空很美，物理也很玄妙，但是很多人天生就对太空抱有恐惧感，觉得那不是人类应该窥探的地方，而有的人就愿意大胆探索，并且给人类带来了新的知识和技术，改善着人类社会的文明和生活。

有的人之所以觉得自己无法适应，其实并不是害怕环境改变，而是害怕自己在新的环境中失去现在的能力，也就是说，害怕变化的人并不是害怕变化本身，而是信心不足，对自己能力的不认可。正如心理学家所说：人感到焦虑，就是源于对未知的恐惧，因为我们从来没有做过这件事，所以害怕结果，感到焦虑。

■ 对未知事物的天然恐惧

人类的发展史，其实就是一部探索史。每个时代的巨大变革都是对未知事物、未知领域的挑战。我们发现自己不是宇宙的中心，我们认识到光也有速度，我们发现物体与物体之间存在引力，这些知识都不是凭空产生的，是通过我们对未知领域的不断探索、对环境的不断学习得来的。

而限制我们探索的一个很重要因素就是对未知的恐惧。这种恐惧是人类的本能，比如看到黑漆漆的洞口，我们会感到寒冷；看到望不见底的深渊,我们不敢直视。这都是刻在我们基因里的恐惧,是人类自我的保护机制。

排除生死顾虑,单就适应改变来讲,想要往前走,就必须消除面对未知的恐惧,最好的方法就是脚踏实地地走好每一步。

我们要学会规划,用自信取代对未知的恐惧。既然未来无法控制,那么提升自己的能力,让自己做好计划,随时去准备面对变化就是最好的方法;同时还要做好自己每天的任务,不要担忧未来,活在当下,脚踏实地地做好每一道题、每一件事。

我们要做一个内心强大的人,相信自己的能力,相信自己一定可以面对变化,基于以上两点,虽然未来未定,但我们自己的心一定是安稳的。

■ 我们每天都在学着适应

如果我们认为只有未知的未来会让我们感到焦虑,而其他事情并不会,这其实说明我们每天已经承受了许多变化,我们的思维已经在慢慢地成长。

我们今天喜欢的流行歌曲,也许几个月后就会被另一首取代。这种日新月异的文化更迭下,我们每个人的大脑都在不断地适应更新。看看我们周围,网络用语、新生的词语、国外的漫画化风格、奇怪的符号等,我们都能够迅速接纳,并且得心应手地使用,这就是我们每天都在接受的改变。

这些外来文化的冲击,时刻刺激着我们的大脑,让我们去学习、去适应、去改变,慢慢地我们就会发现,未来已经近在咫尺,未知也没什么好怕的。

■ 挑战你的限制性信念

美丽的大山里，一只可爱的小狐狸刚刚出生，它慢慢地睁开眼睛，好奇地打量着这个陌生的世界。小狐狸在妈妈的保护下，过得非常幸福。直到有一天，狐狸妈妈突然不让小狐狸进家门，不管它如何哭喊，妈妈都不开门。小狐狸绝望地离开了家，开始独自在大山里生活，后天它学会躲避天敌、获取食物、学会观察天气、寻找住所，终于成长为一只健硕聪明的狐狸，也在这座大山里拥有了自己的生活。

其实，我们每一个人就像小狐狸，成长必须靠自己一步一步走过，即便要独自面对未知的陌生世界，也要充满信心，勇敢地用自己的眼睛去看这个世界，积极地用自己的大脑思考，这样才能速度成长。

面对未知，面对改变，我们每个人身上都有巨大的潜力，我们需要做的就是给自己时间，不断磨炼自己，挑战自己的极限，要相信人生是没有天花板的，给我们设限的人永远是我们自己。

（1）不断地挑战自己的极限

就像一次又一次挑战人类极限的运动员，他们经常在比赛的过程中打破自己和教练设下的目标，而这种目标往往在训练中是不能打破的，很明显，竞技状态下每个人都肾上腺素飙升，这才激发出巨大的潜能。相信自己能做到的人，往往都会真的获得成功。这种成功不是说真的达到了什么样的成就，而是真的成长了。

（2）勇敢地去尝试

莎士比亚说："我们的疑虑使我们害怕尝试，它是心灵的叛徒，出卖我们可能获得的成功。"给自己写下几个愿望，把自己的敌人列出来，逐一击破，尝试才是最重要的，只要尝试了，就会发现自己的能力远超过自己的想象。

（3）刷新对自己的认知

每当我们适应了新的高度，我们就会对自己有新的认识，就会对环境有新的感悟，这是我们作为人类的才华，永远不要低估自己。而且我们会发现，随着不断刷新对自己的认知，我们对周围的变化会越来越淡然，我们的人生也会越来越坦然。

当一切改变时，改变一切

世界上没有永恒的东西，一切都在改变，一切都在往前发展。如果我们希望自己永远都可以游刃有余应对一切，就必须跟上时代的脚步，让自己做好随时迎接变化的充足准备。

■ 安稳是一种危险的幻觉

舒适区，每个人都有，而且让人很有安全感，实际上我们感觉到的每一个安稳的瞬间，都可能是一种危机、一种警告。

我们感到安稳的时候，一定是非常舒服的时候，也是我们不愿意改变、不愿意适应新事物的时候。当我们把安稳当成了习惯，当成了理所应当的事情，一旦环境发生了变化，很容易就会摧毁我们的舒适区，让我们措手不及、狼狈不堪。

大多数情况下，机遇和挑战都是并存的。如果我们不想要遇到危险，那么我们就永远发现不了身边的机遇；如果我们发现了机遇，也一定可以发现，需要冒险才能获得这次改变的机会。因为安稳的生活中无法激励出绝境生存的潜能，也无法让更有适应力和竞争力的英雄脱颖而出，这就是乱世出枭雄的原因。

因此，当我们感觉到自己很舒服，做什么事都手到擒来，甚至

感到自己已经走上了人生巅峰，请一定要提醒自己：所谓的安稳，只是幻觉，是最不靠谱的事！敢于面对挑战，才能突破自我！才能抓住机会！

■ 所有的变化，都是机会

很多人在面对突如其来的变化和全新的环境时会感到紧张和焦虑，害怕自己无法适应。这是正常的，要给自己时间去过渡，最重要的是要明白：只有新的环境才能带来新的机会，新的环境才能产生新的思维模式、新的技术、新的生活，这就是改变带给所有人的意义。

面对新的环境时，往往需要我们抓住时代的变革，去找到新的机会，新东方教育集团在国内教育市场繁荣的时候开始萌芽发展，在国家对教育进行改革的时候，选择退出历史舞台，转而做起了直播带货，这就是根据环境变化寻找新的机遇的典型。

这些变化对我们而言，都可能是可贵的机遇。我们要目标明确，抓住每个能让自己获得进步的机会，根据实际情况和自身情况，做出性格、生活模式、交友模式、思想认知等方面的调整。通过这种全方位的适应和调整，新环境带给我们的冲击就会降低很多，带给我们的机会不断增加。

走出舒适区

舒适区是一种心理状态，这种状态往往是人们在熟悉放松的状态中表现的心理状态和习惯性的行为模式，由于人会在这种状态中感到舒适，因为称其为舒适区，也可以称为心理舒适区。

这个词语从侧面告诉我们，改变一定会带来不适的感觉，这也是成长的必然。我们对于轻车熟路的事情感到更自信，也更得心应手，对于从没接触过的事情则会感到紧张和焦虑。然而，如果因为这种不适感而始终留在舒适区，总是沉浸在过去，拒绝改变成长，那么我们就会失去面对新挑战的勇气，慢慢地不是停滞不前，就是落后于人。

想要走出舒适区，首先我们要学会对外界的新事物抱有一个开放的态度，在各种变化中寻找机会，迎接新的朋友，展望新的未来，用新的语言和世界对话，让自己和世界的变化一起前进。

■ 划定自己的舒适区

想要了解舒适区以外的世界，我们要先给自己的舒适区一个定义。只有知道了自己的极限在哪里，才能够明确自己成长的方向和应该提升的技能有哪些。

舒适区主要是心理上的一个无压力区域。比如说一个数学天才,他的舒适区可能就是在数学的研究领域,而打篮球就已经超出了他的心理舒适区。但实际上,如果这个数学天才喜欢运动,喜欢打篮球,就算他的球技不好,打篮球也并没有跳出他的舒适区。

舒适区一定是让我们没有压力感和没有抗拒感的,无所谓是否擅长这件事,只要我们不反感做的事情,往往都处于我们的舒适区内;处于舒适区中的事情,大概率是我们感兴趣的,我们在舒适区里做的任何事情都会有主观能动性,我们会自主自愿地去做,而不是被逼无奈、硬着头皮去做。

■ 世界上没有绝对的陌生和熟识

舒适区的粗浅定义就是把我们熟知的事物全部聚集起来,画一个圈,在这个圈里你可以游刃有余地做任何事情,而圈外全部都是陌生的事物。

其实,陌生和熟识都不是绝对的。

一个陌生的事物往往是基于某一件你熟悉的事物演变而来,就像每个年级的学习内容一定是递进的,不是忽然出现的,只要我们的基础打得扎实,并不需要害怕新知识。

而我们熟悉的事物也不一定总是熟悉的,像是某些技术领域,使用场景不同的时候,使用技巧和侧重点就会完全不同,只有不断地学习和适应,才能保证自己的舒适区永远都适用于自己的生活。

当我们面对陌生的事物时,不仅要抱着开放态度加以接纳,还要积极学习加以吸收。我们要学的不是某一个固定概念，而是这个概念的底层逻辑。我们会发现，如果我们学会了逻辑，那么就算是面对一个陌生的事物，也能很快抓住它的本质，顺其自然地将它类比到我们熟悉的事物上，加快适应速度，这个陌生的事物便会被纳入舒适区。

■ 舒适区和缓冲区越大，恐慌区就越小

扩大舒适区范围是尽快适应新环境最好的方法之一。那么，如何自然而然地扩大舒适区呢？答案就是：建立缓冲区。

虽然我们在舒适区中也可以获得成长，但假若我们的舒适区能够跟着不断增大，那么成长的效率将会事半功倍。从另一个角度理解，我们不要将舒适区的边界划定得非常死板，只有让自己的舒适区不断变大，才可以让成长的效率不断变高。

舒适区的大小决定了我们是否能坦然面对改变，而缓冲区的大小则决定了我们是否能够顺利无负担地扩大自己的舒适区。缓冲区是我们面对舒适区外的新事物的心态，如果心态是对抗、拒绝、逃避，那么我们的缓冲区就会变小，一旦踏出了舒适区，我们就将面对自己最害怕的挑战。

一个人的缓冲区越大，对改变的包容度也就越高，一个人的缓冲区越窄，那么他的适应力也就会明显变弱。就像是学习，如果你偏科很严重，只喜欢一门课，那么面对高年级科目时，就会越来越痛苦；如果我们喜欢的科目很多，那么面对新的知识时，我们始终都可以保持开放的态度去适应。

当我们身处缓冲区时,可以更清晰地、更近距离地观察到舒适区之外都是什么。什么是我们害怕的?什么是我们不能接受的?又有什么是值得我们冒险的?然后从底层逻辑去理解我们要克服的东西究竟是什么。我们不愿意参加夏令营,是因为不爱运动,还是因为社交恐惧症,或者是因为缺乏户外生存技能。找到症结所在,就能够逐一解决。

当我们身处缓冲区时,所有心理和行为都是可进可退的,我们拥有更高的自由选择度。

比如,我们刚认识一个人时,一开始不需要走得太近,可以先稍作交流,慢慢了解,心情好时可以多聊几句,没有兴致时也可以几天不联系,让自己的心理有一个缓冲,就不会面对"社恐"的巨大压力。

再比如,当我们身体不好、需要进行适当的锻炼时,也会有自己的舒适区、缓冲区和恐慌区。如果我们不喜欢跑步,那就去游泳;不喜欢做仰卧起坐,那就去跳舞。舒适区就是不运动,缓冲区就是游泳和跳舞,恐慌区就是跑步和仰卧起坐。

当我们身处缓冲区时,要懂得专注于事件本身,找到事件中令我们感到满足的点,多体会快乐,而不是体会不适。

不能改变环境，就改变自己

趋利避害是我们的本能反应。在生活中，我们都会去尽量避免麻烦，避免可能对我们造成的负面影响，这种行为是正常的。然而，除非我们要避世而居，否则不论我们处在什么位置、什么年龄段，都不得不适应周围的所有事物。

其中就有许多让你异常敏感、会产生强烈不适感的事物。我们喜欢的也好，不喜欢的也罢，只有不断地适应，提升自己的维度，才能够获得更开阔的世界。

就像过敏体质的人对花粉过敏一样，我们可以远离花粉，但花粉是客观存在的，不会因为远离而绝迹，说不定何时何地它就会悄然出现在我们的身边，让我们猝不及防地"中招"。长此以往，我们会发现，与其被动躲避，不如主动出击，为自己进行脱敏治疗，让自己对这些事物有一个基本的应对能力。我们可以改变自己应该改变的事情，也可以对那些自己始终抗拒的事物采取相应的回避，还可以跳跃式地发展自己。

■ 了解自己不适应的表现

想要去适应新的改变，我们要先了解自己不适应的表现。比如我们的价值观和心理动机，什么时候我们会特别难过和伤心？什么

底线是我们不能被触碰的?什么事情是我们看到就想要逃避的?这些都是我们内心不适的表现,在平时如果我们能够稍微上心一些,把这些行为和事件联系起来,那么就可以建立起自己的不适应体系。这时候如果我们想要改变现状,就可以有的放矢了。

当我们感到自己很煎熬、很痛苦的时候,不要总是习惯性地逃避,不要去压抑自己的情绪,仔细听听看自己的内心究竟表达了什么?我们在怕什么?又在呼唤什么?这样就可以更加了解自己的性格特质,了解自己的内心想法。大胆承认自己的问题,是解决问题的第一步。

每次产生不适感的时候,不要担心,不要焦虑,这恰好是我们了解自己的快捷通道。情绪是最直观的心态体验,只要顺着不适感,我们一定能找到本质的冲突,找到我们价值观和现实之间的根本矛盾,继而进行反思和自我和解。

■ 过度的自我保护,会削弱适应能力

了解自己的不适应之后,就要懂得让自己去冒险、去尝试。不要因为害怕内心崩溃,就过度地保护自己。来自家人的过度保护,会让我们变成温室里的花朵,其实来自自己的保护,才是最致命的。

人的大脑很奇怪,它会自动屏蔽掉那些我们抗拒的信息,只把我们心里愿意接受的内容存在大脑里。这就是为什么我们往往记不住那些特别痛苦的事情,"好了伤疤忘了疼"就是这个意思,大脑会保护我们的感知。

当然也有人说,"一朝被蛇咬,十年怕井绳"。这也没错,只

能说这种痛苦是可以避免的，因此大脑选择记录下来，避免以后进一步的伤害。

然而有些信息是无可避免的，比如一些孩子幼年的时候遭遇家中变故，变得封闭、不爱讲话，这种逃避属于"痛苦性逃避"，是无可避免的，因为大脑无法区分危险来临的信号，索性把一切都屏蔽掉来保护这个人。这就是书中常说的，生活从来没有想过要欺骗任何一个人，欺骗我们的只能是自己。这么一来，真实的自己总是藏得很深很深，与其被伤害，倒不如躲起来更方便。

当一个人内心过于封闭的时候，虽然心态平稳，但思维体系是非常脆弱的，经历不得一点风雨，削弱了对新事物的接受能力，变得缺乏面对负面情绪的勇气，甚至成为生活的"逃兵"。过度自我保护就是像在舒适区的边界建起一堵高墙，外面的事物无法进来，长此以往，我们就会失去与外界沟通的能力。

■ 如何适应"不公平"的待遇

过度自我保护的人，往往都在生活中遭遇过不公平的待遇，因此变得玻璃心，一击即碎，以至于对所有不公平的事都避之不及。

比如，在比赛中被作弊的同学超越，而裁判又没有给出公平的裁决，有些同学就会心灰意冷，干脆从此放弃比赛，而有些同学则会奋起直追，用自己的方式去讨回公平。

我们很年轻、有想法，面对不公平的事物会产生愤愤不平的情绪。我们需要这种热血、这种斗志，但绝对不能用来抱怨，或者用来限制自己的发展，我们需要的是将这些转化为动力，寻找更多的

解决办法,把道路走得宽一些,再宽一些,如此才能绝处逢生。

每天晚上入眠前,躺在床上,思考一下,和大脑沟通一下,和你自己的内心成为朋友。面对自己是需要勇气的,也是这个世界上最难的事情。但是当你能够找到真正的自己,并接受它,你会发现整个生命都沐浴在阳光下,没有黑暗,没有阴冷,没有无措,没有彷徨。

第五章

离断力：人生新陈代谢的加速器

想要加速成长的进程，我们必须在正确的时间做出正确的选择，有些事，该割舍就割舍、该放下就放下、该遗忘就遗忘。否则那些解不开的心结、难以忘却的羁绊、无法释怀的欲望，都会是我们成长路上的绊脚石。

成功的秘密是"战略性放弃"

对于得与失,每个人都有自己的答案。付出是否就会有回报?失去是否就是失败?这些在人的心中往往都有一杆秤,在追求得与失的平衡中,我们不断求索,始终没有统一的标准。

其实,成长本身就是一个舍弃的过程,有计划、有规划、有目标地做出取舍,舍弃过去的自己,舍弃过去珍爱的事物,这样才能更好地奔向新生活。

■ 别把毅力和耐心用错了地方

永远不要把勤奋当成衡量自己的唯一标准。获得成功会让人有成就感,这是一种快乐,但不要单纯地为了追求成就感而去拼命努力,那样很容易演变成不择手段地追名逐利。

如果毅力和耐心用错了地方,就会白白浪费掉很多精力,甚至会走进死胡同。有人说"走过的路都不会白走",但实际上我们的青春就这么短短几年,学习的机会也稍纵即逝,尽量把自己的毅力和耐心用在正确的目标上,才会成长得更快,自我精神的满足感才会更高。

(1)明确目标

脚踏实地地积累很重要,但明确目标和方向更重要,方向错了,工夫一切都是白费。我们可以把自己的目标全部列出来，并把每个目标的目的写出来，完成一项后，就在后面画上记号，看一看自己是否偏离了本来的目的，这样才能及时作出调整，有效防止自己走着走着就跑偏了。

"断舍离"是现在很流行的一个自我整理的方法。如果发现已经不小心陷入了本末倒置的陷阱，赶紧明智地放弃那些与目标和目的毫无相关的事情，及时止损，让自己得以脱身。那些明知自己已经迷路，仍旧坚持往黑暗深处走去的人，是无论如何也找不到正确方向的。

（2）一个时间段内只完成一件事情

我们的脑子就这么大，精力就这么多，不要同时进行很多项事务，这样很有可能会浪费我们的时间和精力，疲于奔命地忍受、坚持和坚守，也会让我们对现在的事情毫无兴趣。

（3）懂得享受生活

每个人的生命是有限的，梦想让我们不断成长和进步，但是我们也要懂得去体会和享受生活中本身的快乐。我们应该在享受过程的时候顺便成功，当我们明白了路过的风景也许比目的地更美好的时候，我们也就知道如何控制自己的梦想了。

■ 怎样判断一件事情是否值得坚持

想学会有舍有得，学会控制自己前进的方向，就要学会判断这件事情是否值得坚持。

要记住，能实现的才叫作目标，才叫作梦想。这件事情必须与

我们的长期目标相一致，或者至少有益于我们的身心发展。坚持一件事情需要花很长时间，比如每天跑步锻炼身体，比如每天背一首诗歌等等，这些坚持都会产生质的飞跃，让你能够从中得到升华。

假如我们自己都说不清楚坚持下来的好处，那这件事情大概率并不值得坚持；如果这件事情做完了，对我们的成长毫无帮助，那么这件事情就不值得坚持。我们需要考虑这件事情的价值，或者自己是否应该在这件事情上减少精力。

■ 把握好断舍离的时机

随着年龄的增长，我们会发现自己与曾经一起在楼下疯跑的同伴忽然就没有了共同语言，曾经在一起无话不谈的朋友，也渐行渐远。

不要悲伤，不要担忧，不要害怕，这都是正常的现象，成长的不同阶段会催促我们做出改变，精神世界和物理世界或许都会发生翻天覆地的变化，这时候不要让自己总是去怀念那个幼稚可爱的自己，而要用更多的时间思考现阶段的挑战。

龙虾的坚硬外壳是不能跟着身体同步生长的，如果龙虾想要成长，就必须打破旧的外壳，再生出新的坚硬外壳。我们的成长过程就像是龙虾的一生，必须及时丢掉之前的保护壳，才能长大，才能生成新的、更适应当下的保护壳。

其实，人生各个阶段的更替都是巨大的跃迁时刻，同时也是断舍离的最好机会。比如从小学升入初中、从高中升入大学，我们将面对全新的生活圈和学习任务，我们将会树立新的目标，交到新的朋友，这都是我们成长的必经之路，甚至可以说是我们成长的标志。

去交新的朋友，当然不意味着遗忘老朋友，只是在新的生活圈中，我们需要和更为志同道合的朋友一起进步、一起成长。不要害怕老朋友的疏远，老朋友可以改日再聚，人的感情和记忆永远不会改变，变得只有自我成长。

少年底层能力说

"放手"即自由

在遇到困难时,很多人都没有方向感,只知道按照原来的错误路线闷头往前走,以至于在一条绝路上将精力消耗殆尽,既看不到成功的希望,也感受不到奋斗的快乐。

殊不知只要换一种思维方式和生活方式,不再与无解的难题死磕,也许就能发现通往目的地的捷径,同时也让被束缚的心灵获得自由。

■ 舍弃危害身心健康的坏习惯

整理自己的习惯,特别要舍弃掉那些危害身心健康的坏习惯,让自己有更多时间可以支配,这也是一种自由,一种人生节奏的自由。

许多坏习惯我们往往意识不到,因为大家都这么做,或者我们已经习以为常,但它对我们的生活影响很大。比如,周末睡懒觉、通宵熬夜、连续玩手机游戏数个小时、躺着看书、三餐不定时、不吃早餐、用零食代替正餐、把饮料当成水喝等。

我们需要改掉这些坏习惯:

（1）闲下来就刷手机

刷手机每个人都在做，而且每天都在做，这样的习惯其实非常占据我们思维，而且长此以往还会形成一种依赖思维，降低我们的创新性和适应能力。

（2）熬夜

熬夜不但损害我们的精神，更伤害我们的身体。在该睡觉的时候，不让身体休息，这样不仅影响第二天的学习效率，也会成为身体健康的慢性杀手。

（3）饮食不规律、不健康

现在的生活节奏太快了，这就导致了饮食方面的时间不规律和营养不均衡的问题。尽管不能要求所有人都自己做饭吃，但至少在选择食物的时候，我们要尽量注意合理搭配，另外按时吃饭，养成良好的饮食习惯。

（4）临时抱佛脚

我们应该让自己每天都空出时间来阅读图书、锻炼身体、培养兴趣爱好，让自己每天都有足够的时间学习，千万不要做那个"临睡觉了，才想起来还有这个作业没写、那个课文没背"的人。如此才能让自己每天都过得充实且惬意。在对习惯进行断舍离的过程中，你还会经历归类、选择、放弃等精神整理，这能帮助你更好地总结过去、面对未来。

■ 舍弃影响心情的负能量

在这个快节奏的社会生存，没有人能够保证自己每天都是开心

的，每天都是充满正能量的，但是至少我们可以努力让自己做到珍惜时光，做到一步一个脚印地奋斗。生活中的点点滴滴都是我们可以收获的快乐，学习和生活中的每一次小进步都是我们可以为之骄傲的成功。

不过，在我们收集生活中的正能量的同时，一定不要忘了事物的两面性，有正能量的存在，就一定有负能量的容身之所。相比正能量的冲击，负能量的积累往往更难以察觉，有时候负能量会在潜移默化中植入我们的内心，积累到一定量，便对生活产生不良影响，束缚住我们的心灵。

在日常生活中，我们不但要善于积累正能量，也要善于疏通负面能量，让它们消失于无形。过去的灰色记忆和负面观点，比如曾经的失败，这些精神上的思想负担，我们必须抛弃，然后以崭新的姿态迎接以后的挑战。

在无数次的磨炼中，通过思想和意识上的断舍离，我们最终会成为一个内心勇敢强大的人：

学识渊博，经历丰富，视野开阔；有柔和的心态，却又带着骨子里被生活磨炼过的自信，这种自信来源于生活，来源于自己的阅历和思考；拥有开放的心态和思想，更容易倾听别人的意见，却善于坚持自己的观点，不会因为别人的不认同而感到焦虑，也不会因为自己的执着得不到认可而生气，面对相反的观点，会小心地求证，反复地思考，这是意识进步的一种常态，这是一种对于自我的坚持，也是一种对于他人的尊重。

■ 舍弃那些无效的社交

谈到交朋友,我们要重视交朋友的质量。当我们总是把时间花费在"表面朋友"上的时候,就会产生无效社交,既占用我们的时间与精力,又不会给我们带来真正的成长。

我们千万不要让那些无效社交拖住了后腿,应该多和能帮助自己进步的朋友在一起,同时还要明白两件事:

(1)玩伴,不等于朋友

随着我们越来越成熟,就越需要志同道合的朋友,那些可以和我们在学业上有沟通、有裨益、有帮助的朋友。单纯的玩伴似乎与我们关系亲密、终日聚在一起,实际上除了吃喝玩乐,别无其他,当我们需要帮助,或者需要思想上的交流时,就会发现这种社交完全没有营养。

(2)互相利用,不等于朋友

我们说的良师益友,一定是能够坦诚相待,并且能够一起进步前进的朋友。两个人相互利用,自然可以各取所需,但如果把这类人当成了朋友,很容易被"套路",对友谊失去信心,这种负面思想也会影响我们的进步和发展。

少年底层能力说

不要把时间浪费在担心不完美上

我们每个人在生活中都要扮演很多角色，父母、子女、夫妻、朋友、老师、学生、路人、主角，有时候我们甚至需要在同一时间扮演多个角色。

角色越多，压力越大。我们总是期望自己能扮演好所有角色，成为父母眼中的好孩子、老师眼中的好学生，然而却常常事与愿违，多半是因为心有余而力不足。一边是自己欠缺的各种能力，一边是来自外界和内部的各种期待，二者碰撞在一起时，对于完美的追求，就变成了苛求。

同时，由于太过于在意某件事情，或者说把百分之百的精力和时间都放在某件事情、某个目标上，对于结果的在意程度便会成倍增加，当事情有一点点偏离轨道的时候，我们的心理就会承受不了，或者说，已经无法控制自己的内心，无法掌握自己对预期的判断，心理控制能力减弱。

这大概就是我们许多人根本无法获得内心自由的重要原因。

■ 放弃对完美的执念

很多时候，我们做每一件事的过程中，一边信誓旦旦地自我鼓励"一定要把这件事做好，一定不能半途而废，一定要坚持到底，一定要做得比任何人都好"，另一边却时不时地打击自己"我感觉自己不能胜任，我感觉现在条件还不够成熟，我感觉成功的可能性不大"。当鼓励的声音响起时，我们迈开步，当打击的声音响起时，我们又收回脚，一直在努力向前的我们，似乎并没有任何实质进展。

不知不觉，曾经乐观积极地凭借一腔热情、一阵孤勇行事的我们，变得谨小慎微、畏首畏尾，接触新事物、新环境、新知识时，总是优先考虑到自身能力的不足、客观条件的不足，长此以往，就会形成一种杞人忧天般的下意识反应机制。最终结果往往越是希望自己能够完美又顺利地完成任务，越是会将一切搞砸，懊悔不已。

同时，我们也被捆绑在"完美"的枷锁里动弹不得。如何才能从中脱困？答案依旧是断舍离。不要急功近利，不要奢望一步登天，我们必须摒弃担心自己不完美的顾虑，卸下压在心头的精神重担，可以轻装上路。

■ 与失败和错误告别

生活中最大的遗憾往往来源于没能好好地告别，没能好好地珍惜，没能好好地体会。生活总是给了我们选择的机会，然而我们的选择却不总是对的。失败之后，我们说得最多的一句话就是"如果……"做得最多的就是耿耿于怀，这就是没有放下，与后悔和错误藕断丝连。

我们要做的就是斩断这些毫无意义的牵连。

生活教会我们，每一天都是一个新的开始，每一个昨天都不可能复刻，不论我们是否绝望，不论我们是否抱怨，生活都不会停下

脚步,我们必须重新定义过去的那些失败和错误,千万不要让昨天的错误影响今天的快乐,要把剩余的精力放在用心过好每一个属于自己的今天。

做错了事不要紧,如何看待和处理错误才是最重要的。从错误中获得教训之后,我们就要与失败和错误好好作别了,不再回想、不再纠结。做好这番断舍离之后,虽然我们依然不可能知道明天会发生什么,但我们能知道,明天要依然乐观地面对这个世界,明天依然准备好接受生活打算带给我们的各种挑战,明天期待着那个不一样的自己。

■ 降低满足感的阈值

有句话说得很好:"只有真正强大的人,才敢于直面自己,通过对自己内心的锻炼,终有一天,我们可以强大到对别人展示真实的自己,人生是一场修行,一场心灵的修行,每个角色都不可能完美,但是那就是我,那就是最最真实的我。"

许多时候,我们怀揣着100分的期待,却收获了60分的结果,带来了0分的满足感,就是因为对自己的期待值设定得太高,满足感的阈值也设定得过高,完全没有尊重现实情况和自身能力。比如,总想着一步登天,给自己定下的目标是一个月内瘦50斤。这样不合理的计划难以落实,很容易打击自己的信心。

如果我们因此感到不开心,久久陷在遗憾和自责中,那么不妨舍弃一点东西来换回快乐。这里所说的舍弃,其实就是调节满足感的按钮,将阈值调低即可。这是一件很简单的事情,对自己客观一点、宽容一点、包容一点,别那么刻薄就好。

(1)相信自己的能力和长处

每个人都有自己的长处,了解并承认自己的优点,并不是自负的行为,而是一种对自我的客观肯定。生活是自己的,不要把别人眼中的自己,当作真实的自己,这个世界上最了解自己的人就是自己。

(2)不要与人攀比

无论我们多优秀,总会有人在某些方面比我们出色。当我们和别人盲目攀比的时候,标准往往并不客观,因为我们只看到他们的优点和自己的缺点。这样的比较是没有意义的。世界上不存在谁比谁好,只要我们努力实现理想,不虚度光阴,实现自己的潜能,我们就是成功的。

当我们不再沉溺于攀比,就会发现事情并没有想得那么糟糕、也没有自己评价得那么差,更会发现失败中孕育着机遇、错误中暗藏着人生哲理。从此做一个自信而不自大的人,让生活中的自己更成熟、更有智慧,让自己会为了些许成功而喜悦、些许收获而感恩,让人生更加明确、更加精彩。

手机焦虑症背后的真相

手机焦虑症指的是越来越多的人对手机产生的依赖。比如有些人手机电量一旦低于一定的数值,就会开始到处找充电器,有的人离开手机一会儿就开始内心焦虑,还有一种情况就是时不时掏出手机看一下,生怕错过了什么信息。

■ 不要被手机套住

手机被手机壳套住,我们也被手机套住了。唯一不同的是,手机壳是在保护手机,而手机却不一定是在保护我们。

当我们深陷手机焦虑症之后,就会深受以下不良影响:

(1)影响学习效率

如果我们十分依赖手机,总是想要去看手机,那么在学习的时候就无法专注于书本和题目,这会大大降低我们的学习效率。在日常生活中,我们的效率也会被打乱,比如吃饭睡觉等。许多年轻人总是晚睡,跟手机依赖症有着很大的关系,这样会进一步影响我们第二天的生活和学习。

(2)影响情绪

对手机的依赖也会影响到我们的情绪。比如手机不在身边,或者上课无法查看手机的时候,就会焦虑,无法集中注意力,变得烦躁不安,这种情绪上的不稳定也会让我们的生活学习变得一团糟。

(3)影响正常社交

长时间习惯在网络上和别人沟通,会导致一个人的沟通能力下降。不要躲在"社恐"后面暗自开心,每个人都避免不了正常的社交,如果你只能通过手机才敢发表意见,那么会失去许多交友的乐趣,也会失去很多现实中的机会。

■ 为何好的事情很难"上瘾"

很多人会觉得疑惑,为什么玩手机、打游戏就容易上瘾,而健身跑步就那么难上瘾呢?

原因很简单,因为大多数良性的自律是违反人的本能的,比如,每个人都想睡懒觉,如果要想起来晨跑,那就必须克服懒惰的本能;每个人都想要玩乐,学习是辛苦的,如果让自己耐下心来做这件事情,就需要克服外界的干扰。

正如我们常说的"上山路难走,下坡路轻松"。

■ 落实"下线一小时"行动

想要戒除对于手机的依赖,需要从源头上解决问题,这个罪魁祸首并非手机或网络,而是我们自己的内心。

正确认识问题,才能有效解决问题。针对手机焦虑症,不妨问问自己:究竟在担心什么?在焦虑什么?我们依赖手机带给我们的是社交体验、便捷,还是说只是单纯地在学习中缺乏实际目标,因

此才依赖手机?

仔细剖析原因、与自己内心达成一致后,我们要做的就是:养成良好的习惯,每天给自己一个小时的时间,放下手机、离开手机,让自己回到现实的学习和生活中。不要以"上网课""查资料"为借口去接触手机,而是用看书代替看视频,用画画代替刷微博,用运动代替网聊,这都是我们摆脱手机的好方法。

去运动吧,跟自己的朋友同学在操场上奔跑,挥汗如雨,强健体魄,发现身体带给我们的新鲜感。

去阅读吧,在书中遨游,去看哥特建筑的风格如何形成,去看交响乐发展的历史,去了解中国和世界的现代风韵,让自己的脑袋丰富起来,就能发现读书让你更加善于思考,而不是看着视频被动地接受。

去书写吧,习惯了打字的我们,都快要忘记书写的快乐了。不是写作业的书写,而是真正投入地书写,练习不同的字体,感受中国文化的厚重,发现汉字中蕴含的古老哲学。

做任何事情,尤其是断舍离,千万不要给自己找借口,比如"明天再开始""下次再说"等。在判断某件事情需要从自己的生活中被剔除之后,立刻就要行动,今天就要开始。每天线下一个小时,从你开始,把自己的生活丰富起来,不是依靠手机和互联网,而是依靠自己对生活的体验、对自然的向往。

第五章　离断力：人生新陈代谢的加速器

你不可能同时拥有一切

生物的本能就是利用最少的消耗，获得最大的能量和资源。一个人可以占有使用的资源是有限的，从精神上来讲，你可以拥有一切，但是如果你想在一个时间段内又要这个又要那个，最终的结果就是什么你也得不到。

■ 及时放手，避免因小失大

一群猴子非常喜欢偷吃大米，让当地的村民苦不堪言。大家想尽办法驱赶或捕捉它们，但这群猴子非常敏捷，一直都没办法抓住它们。后来，一个生物学家想到了办法，他把一个窄瓶口的透明玻璃瓶固定在树上，放入大米作为诱饵。被大米吸引来的猴子迫不及待地将爪子伸进瓶子里，抓住大米攥紧拳头的猴子没有办法把爪子拿出瓶口，但是它却不肯松手，最终被赶来的村民抓个正着。

在人生的道路上，许多人都会与猴子犯同样的错误，由于太看重眼前的利益，该放弃的时候不能放弃，结果捡了芝麻丢了西瓜，铸成大错，甚至悔恨终生。人类其实很聪明，但是又太贪婪，在面对利益诱惑时，又往往不理性，有时明知是圈套，却依然想赌一把，结果却落入陷阱。很多时候，人类不是败给自己的聪明，而是败给自己的贪欲。

少年底层能力说

因此,我们仅有聪明是不够的,还需要用理智驾驭自己的贪欲,在面临危机时要果断地松开抓着"大米"的手。

■ 打消"想要更多"的欲望

从前有个孩子,和父亲一起吃午饭,桌子上有两碗面,一碗面上有一个鸡蛋,另一碗没有。父亲让孩子先挑,孩子就拿了那碗有鸡蛋的,结果父亲的碗里居然藏着两个鸡蛋。父亲对孩子说:"做人,不能只看着眼前的得失。"

第二天,他们又一起吃饭,桌子上依然是两碗面,一碗上有鸡蛋,一碗没有。这次孩子学乖了,拿了那碗没有鸡蛋的。孩子满心期待地想从碗底翻出两个鸡蛋,结果吃到最后也没有发现鸡蛋的影子,反而是父亲的碗底还藏着一个鸡蛋。父亲又说:"孩子,当我们做一件好事的时候,并不一定能得到好的结果,这就是得到与失去的不平衡。"

第三天,父子俩又在一起吃饭,桌子上依然是两碗面,孩子对父亲说:"爸爸,你先选。"父亲端起那碗有鸡蛋的面,孩子平静地端起了另一碗,却在碗底发现了两个鸡蛋。其实,得与失就是这样的,从来不会因为我们想要就得到,也不会因为不想要而失去。

生活是最好的老师,真正的好老师不是你要什么就给你什么,而是你需要什么给你什么。太想得到的人,总是会失望,万事都要把握度。有求则苦,无欲则刚。当我们学会放弃时,就无所谓付出与得到,一切都只是成长的过程。

想要得到平衡的心态,就不要把跟别人比较作为唯一衡量自己的尺度。不要把我们所得到的东西估价过高，也不要羡慕别人，羡慕别人就不会有宁静的心情。我们应该收回自己放在外界的过多精力，使力量转而投向自己的内心，努力培养精神上的独立性和自主性，建立自己的为人标准和处世原则。

我们要克服"总是还想要"的欲望。比如，看了一个小时电视，还想再看一个小时，如果这时候安慰自己"今天就放纵一下"，那么我们将永远输给"想要更多"的不自律。

每当我还贪婪的时候，问问自己是真的需要，还是单纯想满足自己的欲望，能不能管住自己，如果能做到，那就在第二天给自己一个奖励，有意识地提醒自己这样不对，并且建立一个自律体系约束自己。

■ 升华：外物与内在的此消彼长

我们通常把想要得到的目标分为外在的和内在的，外在的目标大多数是物质的，可以有量化标准，比如一个好的成绩、一个漂亮的新自行车等，而内在的目标大多是无法衡量的，而且是个性化的，主要是精神世界的满足，比如欣赏到一个美妙的景色、听到一首好听的歌曲，又或者是人生上的感悟。

我们都看到过关于袁隆平院士朴实无华的生活报道，他不是没有能力去消费，而是他对物质的追求很简单，能够满足每天的温饱，有地方睡觉休息、有地方锻炼身体就可以了。他的人生追求是极其内在的，为了让大家吃饱，为了科研事业。这些成绩也许有衡量标准，但是在他内心早已不需要量化，他追求的已经从"人生的满足"

升华到了"人生的意义"。

在大多数情况下,我们不可能什么都拥有。就像是命运给我们开了一扇窗,就一定会给我们关上一扇门,每个人都有优点,也有缺点,因此都有擅长的事情和不擅长的事情,二者是此消彼长的关系。就像我们常说的鱼和熊掌不可兼得。

其实,精神追求和物质追求有时候也是这样,当我们过多关注物质,就没有精力去关注内在的升华。

当鱼和熊掌不可兼得的时候,我们必须有所舍弃。既然面临选择,那就要选择最值得的事情,至少是现阶段最值得做的事情。在追求内在提升时,我们可以适当地放低自己对外在的追求。这样才能找到生活的平衡点,找到心中的平静。比方说,我们可以不要过度在乎学习结果,不要过于在意自己穿的球鞋是不是名牌,这对我们的成长大有好处。

第五章　离断力：人生新陈代谢的加速器

取舍物品，增加对人生的掌控感

想要获得精神上的自由，增加对人生的掌控感，我们可以从生活中的小事开始做起，比如整理自己的房间：

将书桌收拾干净，把上面的垃圾丢进垃圾桶，把经常使用的书本整齐地码放在一侧，书桌的正面放上自己喜欢的小装饰和书架。让自己的书桌焕然一新，坐在这样的书桌前，会感到自己的思路都跟着清晰了。

把我们的书架整理一下，把所有的书分门别类地放好：数学、语文、英语、娱乐、文学、名著、漫画等等。有的同学也可以将分好门类的书再按照大小高低、不同颜色排列在书架上，给每一层书架贴上标签。整理好的书架，看上去赏心悦目，在查找想看的书时，也会一目了然。

整理我们的房间，把玩具公仔、手办模型等放在特定的位置。拒绝无处下脚的杂乱无章，让房间有足够大的空间来容纳我们的身体、我们的思想。把一切安排得井井有条，才是真正的自由，而"杂物想扔在哪里就扔在哪里"其实是在限制我们的自由，荒废我们的时间。

房间的空间毕竟是有限的，有些不需要的东西必须清理出去，化繁为简,把更有用的资源放在更容易看到的地方,提升我们的做事效率和生活满足感。

那么,应该如何取舍这些物品呢?

■ 需要留下的物品

必要的物品,拥有它才能正常运转;适合的物品,拥有它可以提高生活舒适度;令人愉快的物品,拥有它可以产生心理能量。

我们前进的目标是获得,获得能够促进我们继续前行,这就是最好的良性循环。

■ 需要清理的物品

首先是用过的,并且以后不会再用的东西。比如,小时候读过的童话故事书,以前喜爱的洋娃娃,虽然都是曾经钟爱的,但以后确实用不到了,与其摆在那里占空间,不如把它们清理掉。

其次是拖后腿的物品。那些以前可能使用率很高,但现在已经明显没用了的东西,该丢弃的要丢弃。

第六章

复原力：在逆境中自我疗愈

　　一只壁虎断了尾巴，不久又会长出新的；一棵小树被风拦腰吹断，不久又会长出新的枝丫。大自然的自我修复能力比我们人类想象中的更要强大。对于成长中的青少年而言，也需要一种自我修复的能力，即便我们的生活一地鸡毛，也要内心充盈，向阳而生。

想法决定感受

生活中有很多喜欢抱怨命运多舛的人，也有很多总是欣然接受命运、活得不亦乐乎的人。有些人洒脱，有些人纠结，有些人善良，有些人偏执，这些感受和言行，大多来源于我们的想法。

心是什么样子，看这个世界就是什么样子。有的人总是很乐观，有的人则觉得抑郁了。这不是什么抑郁，只是我们努力生活了一天之后，心理上的正常反应。只不过是放松下来后，开始思考自己的事情，可以毫无边际，可以去想生命的意义，任由思绪泛滥，好像跟白天那个活泼开朗的自己不一样了。

不要害怕午夜的小烦恼，只要学会整理心情，这些小情绪都只是插曲罢了。

■ 非理性认知是不可避免的

非理性认知是一种凭着感觉、凭着经验得出的结论，这种情绪往往会让我们产生烦恼。比如过生日时好朋友没有送礼物，或者受伤了却没有人来关心，又或者努力了很久还没有考出好的成绩等。非理性认知一旦产生，便很难停下来，而且会产生联想，每当这种时候，我们就会对自己产生怀疑，产生负面情绪，甚至变得忧郁。

人的情绪往往是非理性的，但非理性的认知对我们也是有用的，比如我们的感性、我们的灵感，这些都是基于经验产生的非理性思考方式，这种认知不可避免，因此我们要学会控制它们、利用它们。

我们要事先避免理所应当的想法。不要总是固执地认为一件事情"应该"怎么样，这种非理性认知会让自己对事物的结果有自己的预判，一旦结果跟自己的预测不同，就会产生负面情绪。

当非理性认知发挥主要作用时，我们可以这样做：从一数到十，在一个时限内停止胡思乱想；让自己平静下来，关注自己的心理变化和情绪状态；建立新的思维模式，反复练习，让自己的非理性认知和理性认知相辅相成，不断修正自己的思维模式。

■ 与负面情绪和谐共存

《纽约时报》前主编吉尔·阿布拉姆松在维克森林大学毕业典礼上致辞，这场很久之前排定的演说是他被突然解职后的首次公开露面，在演说中他谈到了如何在困难中站起来："对所有被抛弃的人，比如那些没有得到自己真心想要的工作的人，或是那些接到了那些可怕的研究生院拒绝信的人，当你们知道失去或无法得到某个一直渴求的东西时，那种希望破灭的感觉，将会证明你到底是一个什么样的人。"

我们都害怕失落和绝望带来的负面情绪。生活中的负情绪是无孔不入的，当我们越感到自己虚弱、越不相信自己时，负情绪就像雪球一样越滚越大。

而当我们懂得了坚持,懂得了自信,就能重新定位自己,获得新的希望。

(1)认识负面情绪

负面情绪是我们感受到外界的不适后产生的激素水平变化。这种感觉让我们感到郁闷、不开心。实际上,负面情绪和正面情绪一样,都是我们的内心活动,正面情绪迎接挑战,负面情绪排遣抑郁。

(2)接受负面情绪

不要抗拒自己的负面情绪,更不要去压抑自己的负面情绪。要接受真实的自己,接受自己的脆弱,这才是真正的强大。

■ 对待挫折的态度,就是对待人生的态度

我们要正确看待挫折,由此才能正确看待人生。

我们每天都立志要做一个优秀的人,要做精英,要获得成功。但是在现实社会里,成功的人永远都是那一小部分,大多数人都经过或多或少的奋斗,最后放弃或者绝望。那么,普通人和成功者之间的距离有多远,或者说我们离失败到底有多近?

可以这么说,在顺境里每个人的心态都差不多,只不过有些人可能有更强的危机意识,有些人可能只是躺在成功的沙滩上晒太阳,而这两种心态可以决定成功的时间有多久、成果有多大。

那么,真正能决定我们成败的,就是一个人在面对过去的心态。生活的规律就是起起伏伏,在顶峰时不要傲气,在低谷时不要气馁。更重要的是,要明白过去的事情已经过去,我们总要面向未来,看到自己今后的道路,不管是躺在之前的成绩里,还是躺在之前的遗

憾中，都会消磨我们的意志和精力。

在看到未来之前，我们会遇到多次的失败，经历多次的打击和挫折，但是只要我们不畏过去，未来就可以是光芒万丈的。也许你的成功来得比别人要慢、比别人要晚，可就算是这样，我们也需要坚持，或者说更需要坚持，因为只有坚持，才能带给我们成功，只有相信自己，才能走出困境。

我们都是平常人，大多数一生都会很平凡，生活中时而碰到突然出现的困境，只是可能在通往成功的道路上忽然遇到拦住去路的障碍，忽然跌入困难的谷底。生活于我们而言，也是一场小小的战斗。虽然我们是平凡的，我们也能做好平常的每一件事情，让平凡的自己变得不平凡，因为我们至少为自己赢得了胜利，为自己赢得了该有的尊严和成功。

每一次挫折，都是人生道路上种下一颗成功的种子；每一次生活的困难，都是这颗种子更加茁壮成长的机会。而对于成功的种子来说，自信和坚持就是它最好的养料，不论条件多么恶劣，不论土地多么贫瘠，只要有了自信和坚持，这颗种子就能慢慢长大。

找到核心信念

被失败重击之后,不放弃自己的信念,仍然选择相信自己的能力,我们的斗志会被激发,我们的血液会为之沸腾,而当积极的情绪足够充沛的时候,信念也会变得前所未有的坚定,不由自主地爆发出自己都想象不出的能量,这个时候几乎没有什么可以摧毁这个人,这个阶段恰好也是逆天改命的最好时机。背水一战,放手一搏,往往会在绝境里实现华丽逆转。

■ 任何人都具备"复原力"

如果说离断力是理性化与现实化的自我脱困之道,那么复原力则是感性化意象化的自我救赎。它是反脆弱的原力,我们不求完全战胜苦难和挫折,只求以自己的现有能力、最大限度地降低它对自身的伤害,顺其自然地找回内心的力量。

(1)日积月累的复原力

复原力,是一种日积月累的能力,是一种面对挫败的淡定,这份淡定的背后不是毫不在乎,而是对自己的信心,以及对前方道路的清晰目标。在成长的过程中,相信自己的信念,坚定自己的目标,就是给复原力提供最好的发挥舞台。

（2）身心共建的复原力

医学研究发现，同样患有肿瘤的两个病人，因为心情的差别，治疗效果和恢复程度完全不同，哪怕治疗手段一模一样。由此可见，身体和精神都有自己的复原力，但我们必须给复原力全面支持。用积极乐观的态度面对问题和挑战，这就是给复原力提供精神土壤；锻炼身体，让自己的激素和代谢水平维持在健康状态，这就是给复原力提供物理背景。

（3）与生俱来的复原力

我们每个人都具有与生俱来的复原力，这种能力会随着我们面对生活中的压力而被消耗，因人而异。复原力本身也是可以恢复的，但是需要我们自己面对逆境时调整好心态、降低生活的期望值。

（4）因人而异的复原力

复原力和适应力类似，都是对环境变化的抗压能力之一，我们每个人面对生活压力的反应明显是不同的。也就是说，复原力是非常个人化的一种能力。就像是面对挑战每个人的反应不同、解决方法不同，这里没有正确的唯一方法，只有找到最适合自己的复原力，才能够进入最舒适的成长状态。

■ 大不了从头再来

对任何人来说，看到努力付诸东流，心里都不会好受。假如我们时刻都有重新再来的勇气，抱着学习的心态，积极面对这些不能改变的变化，即便被迫下山，又有谁能阻止我们再次登顶呢？

要相信，今天的旅途只不过是人生中极短的一段路，今天的失

败不代表永远的失败，今天的悲伤不代表永远的落寞。有时候，人面对真实的自己会有些胆怯，毕竟真实往往会刺伤自己，然而这些都不重要，重要的是找到真正的自己，让它引领我们走好后面的路。

那么，如何在失败过后，重拾斗志、继续前进呢？

（1）不要害怕再次失败

迈出第一步是很重要的，但更重要的是在迈出第一步之前就下定决心，用行动而不是用害怕和猜疑去面对事实。如果行动受到犹豫迟疑的阻碍，哪怕是一丁点的小任务，也无法圆满地完成。

有的人会在计划好之后，立即开始行动，以行动来检验最后的结果。然而，也有一些人却对此犹犹豫豫，这些人的脑海中会毫无根据地出现各种各样的结果。于是开始想着用编造的结果来敷衍自己。害怕执行新计划，无法面对未知的因素，最终结果必然是新计划的无疾而终。

虽然这个世界上没有什么是百分之百确定的，但我们也不要因为自己现在弱小而妄自菲薄。人都是会成长的，因此我们要努力让自己成长为一个具有乐观精神、在任何打击下都能够重新站起来的人。至少让自己成为一个不能被轻易打败的人，即便被打败了一次，我们还能够站起来，被打败了两次，我们就站起来两次。

（2）敢于正视自己的缺点

一个能够认识自己缺点的人，才是真正的自信，因为从不逃避自己的不足。如果不敢承认自己的缺点，那么改正和提高也就无从谈起。

知道什么是自己的强项，什么是自己的弱项，才能更好地、更有方向性地成长，让自己变得强大。人们常说，决定我们能走多远的不是我们的优点，而是我们的缺点。

我们要经常告诉自己："失败没什么，大不了从头再来一遍，虽然我还有很多经验的不足和知识的欠缺，但至少我已经知道哪条路是走不通的。"相信自己多一点，就没有什么能打败你；相信自己多一点，就会拥有更多的希望；相信自己多一点，才能给自己更多的机会，相信自己多一点，面对挫折才能更从容。

■ 把正念意识刻入DNA

在成长的过程中，我们从幼稚变得成熟，从无知变得世故，未来的我们是否比今天的自己更加强大？我们如何才能完成华丽的转变？如何用正向积极的思考带给自己一个没有遗憾的未来？

把正念意识刻入我们的基因之中，让它随时随地发挥作用，这便是方法之一。

（1）大量的阅读

丰富的思想是大脑思考的无尽来源。阅读虽然不能直接改变我们的思维方式、影响我们的生活，但是阅读可以让我们在最短的时间内获得别人的经验。阅读，也许不能改变我们的起点，但却可以改变我们的终点。经常读书，可以丰富我们的思想，提高我们对生活的认识，可以使我们更加理性地看待现实问题。

（2）在生活中保留那份好奇心

思考带来更有意义的未来，更善于突破的自己，只有学会主动

积极地思考才能帮助我们在生活中吸取正能量。当我们懂得利用好奇心驱使的思维能力，锻炼自己解决问题的能力，就能让我们以最快的速度成长起来，以最佳的状态进入更高层次的成长中，以最傲人的姿态迎接更大的挑战。

（3）我可以做得更好

电视剧《炊事班的故事》里有一个小姜，他记性不好，总是记不住菜谱，在业务考核的时候拖班级的后腿，为了争得荣誉，他开始死记硬背，可是不管怎么记，就是不行。后来洪班长发明了自我暗示法，让小姜每天大喊："我能行，我不是一般人。"最后竟然真的都背下来了。

其实我们每个人都会对自己进行心理暗示。心理暗示就是我们用自我意识去调整心态，影响行为，甚至可以影响事件的结果。

我们可以有意识地重复一个信息。比如一句话、一个动作、一个反应，让自己产生"我能做好"的条件反射，当我们遇到一件事情，首先感受到的就是"我可以"，带着这样的心态去做事情，成功率真的会提高。

自我暗示也可以是一个模拟过程。比如，我们可以在心里模拟这件事的处理方式和可能结果，然后挑选自己最容易成功的方式去做，这样预演成功的行为，也可以大大提升我们的正能量。

当我们的头脑中有消极思想时，直接用积极的意识取而代之。比如，我们觉得自己肯定跑不了800米，站在跑道上就感到手足无措，这时可以直接告诉自己"区区800米而已，1000米也不在话下"，虽然跑步的时候我们可能还是很累，但最起码心态变得积极之后，身体似乎真的变强了。

在自我暗示让自己有了精神准备之后，接下来必须是脚踏实地地努力。空想是不可能有任何进步的，我们面对挑战和困难，给自己树立信心，然后就要去寻找解决困难的方法，直到真正把这个困难拿下，变成自己随便就可以解决的小问题。

少年底层能力说

准备一个心灵的急救箱

我们会遇到困境,我们会有负面情绪,所以在成长的道路上,我们更需要快乐来加以调剂,需要能够抚平我们心灵的急救箱,让我们记住自己的初心,活得快意潇洒。

■ 伤口无法愈合的真正原因

面对过去,我们无法坦然接受,多半是源于斤斤计较和耿耿于怀,我们的心中没有"原谅"与"宽恕",只有"记恨"和"埋怨"。这就像是每次伤口快要愈合时,我们却又一次触碰它、划伤它,反复回忆受伤的瞬间、疼痛的感觉,令伤口久久不能愈合,长久地困在隐痛之中。

想要忘记阴郁的过去,直面阳光的未来,首先要让自己的内心获得平静,去原谅,原谅过去的自己,原谅过去的敌人。就像是微笑着看慢慢自我愈合的伤口,不回忆不去想那些不好的画面,不干预不破坏它的修复进程,心中充满坦然和从容,伤口才可以自然痊愈。

原谅是一份自我解放的心境。一个自由的人,内心一定不会有仇恨,自由的人眼光永远看着远方,心中永远充满着阳光和希望。昨天的愤怒不应该带到明天,昨天的背叛也不应该影响明天。追求自由的人，一定要学会原谅，只有拥有一颗包容的心，才能包容广阔的天地，才能容得下别人的误解和伤害。

原谅是一种情怀，是一种对别人包容和理解的气度，它像是一把伞，帮我们抵挡内心的阴暗，帮我们走向更晴朗的明天。原谅别人，同时也原谅自己，原谅自己的不完美，原谅自己的技不如人，原谅自己的自卑和胆小。只有当我们原谅了自己，才能看清楚自己，才能够成长、突破，才能够自由地长成为一棵参天大树。

原谅别人，让自己的内心不再有仇恨，原谅那些不理解或者伤害我们的人，就会发现，没有人是真的想要伤害我们，每个人只是有着自己的理由做着某件事情。

原谅是一种自我救赎的力量，让自己放下负担，前进的空间也会变得无限拓展。

原谅生活，因为它永远不会如期待的那般顺利，放下心中的不满和愤怒，好好看看身边的世界，就会发现它真的很美。

■ 回忆让我们感到快乐的事情

当感到过去的负面情绪不断拉扯我们的时候，不妨去回忆那些让我们感到快乐的事情。这件事情可以是和好友一起吃冰淇淋的快乐，可以是和父母逛动物园的快乐，这些平凡的快乐都是可以抚平伤口的良药。当我们回忆美好的时候，过去的阴郁就会慢慢退去，剩下温和的颜色，让我们有继续前行的力量。

著名作家余华在《活着》这本书中描写的是普通人在时代背景下的动荡生活，甚至可以说是有些悲凉的生活。书中的主人公富贵，

少年底层能力说

从大少爷到穷光蛋的一生里经历了许多，都是为了活着，为了自己，为了家人，可到最后命运却只留给他了一个孤独的晚年。余华老师认为自己写的不是悲剧，富贵的结局虽然悲伤，但他的一生也有许多温暖的回忆：在战场上帮助他的老兵，和他一起共患难的朋友、爱人，在时代变迁中生存下来的幸运，这些回忆终究会带给他力量和继续活下去的勇气。

回忆总是美好的，因为那些快乐的元素在我们的想念中会日久弥香。回忆能够在我们遇到困难的时候给予我们勇气，甚至是我们畅想未来的模板。我国著名诗人王维的一生充满了喜剧色彩，从考功名未果到高中以后"一日看尽长安花"；从大展宏图到"流放"他地，最终隐居终南山。这一路走来，他低落过，但从没有放弃过。在他心里：父亲犹在时幸福的生活，和母亲、弟弟一起坚持的岁月，都带给他快乐和前行的动力。这就是回忆在一个人心中埋下的种子，它总会开出花朵，在每一个你需要它的时候。

■ 做让我们感到快乐的事情

在自己感到难过的时候，立刻去做一些让自己快乐的事情，可以帮助我们迅速扫除阴霾：

（1）吃一顿美食，没有什么是一顿好吃的解决不了的，如果有，那就两顿。当我们的胃得到了满足，心情自然就开始变好。

（2）聚会，聊天。难过的时候，最怕一个人自我封闭，这时候的我们需要热闹，需要发泄，需要跟朋友吐槽倾诉。

（3）好好地睡一觉。如果立刻睡上一觉，醒来后的心情也会平静下来，甚至可能会想不起来自己当时为何悲伤。

（4）写下自己的优点。用一句话描述自己，把自己的优点，一条一条地写下来，并好好记在心里。不要总是盯着自己的缺点不放，人生长远，我们的自身价值，首先需要我们自己来肯定。

做让自己快乐的事情，我们的大脑需要这种刺激，我们的未来也需要。

少年底层能力说

转换思路,绝路也能走通

虽然我们都要在心理上有不撞南墙不回头的气势,但是行为上还要懂得转换思路。有些死胡同看起来无路可走,实际上只要我们换个角度看问题,死路也许能变通途。作为年轻人,格局打开,思路打开,当别人说这条路走不通时,千万别直接放弃,用自己的方式去试试,也许就会发现属于自己的天地。

■ 年轻人,别把路走窄了

自从出演电影《超人》的主角后,原本名不见经传的演员克里斯多夫·李维迅速走红,成为家喻户晓的大牌明星。但是包括李维自己在内的任何人都没想到,1995年5月,这位在好莱坞风光无限的明星居然会因为一场飞来横祸而遭遇人生巨变。正在参加激烈马术比赛的李维突然意外坠地、昏迷不醒。当他再次醒来时,这位世人心目中的"超人"已经成了永远只能固定在轮椅上的高位截瘫者。痛不欲生的李维沉默许久,对家人说出了一句话:"让我早日解脱吧!"但亲人们并没有给他发生"意外"的机会,而是时时刻刻看护着他、陪伴着他,并经常推着轮椅带他外出散心和旅行,以便平复他精神及肉体上的伤痛。

这天,家人又开着车把李维带到了山中散心。当汽车在蜿蜒曲折的公路上前进时,李维静静地望着窗外。忽然,他饶有兴趣地观察起每一次转弯的情景。每当前方即将无路时,路边都会出现一块交通指示牌:"前方转弯,小心慢行!""急转弯,请注意!"而拐过弯之后,原本看似到了尽头的山路都会再次柳暗花明、豁然开朗。"前方转弯……前方转弯……"李维喃喃地念着这几个字,忽然,心明眼亮的他冲妻子喊了一声:"快回去!我还有路要走!

从此,李维便以轮椅代步,当起了导演,同时又开始了文学创作的历程。后来,他还创立了一家瘫痪病人教育资源中心,专门为各种瘫痪患者提供服务。此外,他还四处奔走,举办数次演讲会,为残障人的福利事业筹集善款,成了一位著名的社会活动家。

人生亦有峰回路转、柳暗花明的时刻,种种挫折与危机即是"回转"的暗示。所以,无路可走时,别忘了我们还可以转弯。自己的路,不要被常识的思路束缚,没有人能剪掉我们的翅膀,除了我们自己。

■ 打不开的心结,就把它系成蝴蝶结

心结是一种心理学上的障碍,相当于条件反射,当一次不美好的经历,让你变得不再愿意接触某些事物,那就是心结。比如,我们曾经在体育课上摔倒出丑,于是以后再也不敢去操场;我们曾经被老师言语犀利地当众批评,导致以后都不愿意学这门课程。

心结多了,就会积累成心病,对于我们的成长极为不利。想要直面心结、解开心结,把心结当作一种成长经历,我们可以试试快速转换思路的方法,把那些看似不合理的情绪,转化为自己的前进

动力，让过去那些自己觉得丢脸的经历，转化为自己的宝贵经验。就像把难看的心结系成漂亮的蝴蝶结一样。这也是让我们迅速从过去抽身，把更多的精力投入到现在的学习中的重要方法。

（1）给自己缓冲的时间

在不好的经历刚发生的时候，不要强迫自己去面对，该逃避一下就逃避一下，人的心理是需要时间去接受不好的事情、不好的结果的。给自己时间修整自己的心态，才能够给自己留有余地去转换思路。

（2）让脸皮厚起来

自尊心和成长有时候是相悖的。比如怕问问题的同学，总是不如那些积极和老师沟通的同学的学习效果好。面对自己"不堪回首"的往事，我们要让脸皮厚起来，暗示自己：有什么大不了？别人其实不会放在心上的，这些小场面，问题不大。

（3）打开进步的空间

从心结中寻找路径，去发现自己的不足，改善自己的缺点，这其实是心结带给我们的价值。比如，在一次演讲比赛中，由于紧张而出现了失误，虽然受到大家的嘲笑，可是也最直观地发现了自己不善于当众表达这个缺点，此后便可以针对性地加以练习，在一次次的场景重现中磨炼口才，让自己在哪里跌倒就在哪里爬起来。

■ 如果事与愿违，那一定是上天另有安排

在一次南极科考中，科学家百伦一直被大雪天气困在科考站，无法采集样本，他愁眉苦脸地看着墙上的日程安排，发现自己已经远远落后，心情十分低落，把自己的头发都揪成了"鸟窝"。他的导师戴安娜看到了之后，笑嘻嘻地问了情况，然后告诉他："你为什么要跟着天气走？应该让天气配合你的计划啊。"这句话让百伦如梦初醒，他果断调整了计划，在不好的天气进行大量的周边采样和实验室实验，当天气出现晴朗的窗口期，他就带着科考队去远方进行采样，最后竟然提前一个礼拜完成了任务。百伦最后感慨道：原来一切都是最好的安排啊。

不管是在学习中，还是在生活中，事与愿违的事情肯定存在。我们努力了很久的演出被取消了，我们积累了很久的零花钱被拿走他用了，我们学习了很久的内容被发现根本不考。这些都让我们恼火，甚至觉得老天爷在跟我们作对。

老话说：人生不如意事十之八九。其实事情不如我们预期发展，这是常态，没有完全一帆风顺的人生。如果一切都顺合心意，我们还怎么发现错误，改变自己，不断成长呢？

与其将事与愿违当作是命运给我们使绊子，不如顺应安排，把事与愿违当作是生活给我们的考验，聪明的人还会从中看到难以察觉的机遇。如果我们通过了，那便证明自己的努力方向没错，如果我们失败了，也说明了我们的策略有偏差，需要加以及时调整。

少年底层能力说

增加"心理钝感"的合理性失败

在《射雕英雄传》中,郭靖既不聪慧,也不机智,反而像个"憨憨",可就是这样一个人,学会了降龙十八掌,学会了左右互搏术。原因之一是因为他的心理迟钝,不容易感受到丢脸、没面子、烦躁、被羞辱等负面情绪,反倒让郭靖更容易把精力集中在自己的成长上。

这就是钝感力带给我们的启示。

■ **不要给失败添加道德色彩**

家长如果经常给孩子灌输"不能失败,失败可耻"等思想,会导致孩子对"失败"这个词无比敏感,充满鄙夷和抗拒,仿佛它像犯罪行为一样可怕,一旦事与愿违,孩子便会在第一时间给自己套上失败的枷锁,然后像个等候审判的罪人一样惶惶不可终日。

仔细想想,失败就是一件事情没有达到预期的目标而已,就好像是想买一个草莓口味的冰淇淋,结果已经售罄没有买到,是很平常很普通的一件事情。想要理智地、平静地面对失败,就要知道失败是合理存在、大概率发生的,成功才是人生中的小概率事件,因此失败绝对不是什么十恶不赦的事情,无须添加自我鞭挞的道德色彩,也不必对它避之不及。

■ 停止自我否定的精神内耗

我们还没被失败否定，就先被自己否定。这样的事情屡有发生。

比如，某次考试失利之后，我们就会不停地自责："我怎么这么笨，这道题明明很简单，我居然能做错，而且是全班唯一将这道题做错的人，太丢脸了，同学们怎么看我啊？会不会嘲笑我？以后遇到难度更大的题，我肯定做不出来了，我该怎么办呢？我这样的智商能顺利拿到毕业证吗？以后工作了，是不是也会经常出错，被老板批评，被公司开除？我好失败啊……"如此无休止的悲观揣测，带来了层层加深的自我否定和抑郁情绪，我们的自信心被不断削减，精神逐渐亏耗，只能疲于应付学业，最终得到不如人意的成绩也是必然。

一个总和自己较劲的人多半是不快乐的，不快乐的人生，即便是没有失败，那又有什么意思呢？

想要摆脱失败给我们带来的心理负担，摆脱对失败的天然恐惧，我们要认清失败的合理性，即便当我们经过各种努力仍旧无法达成目标的时候，这个结果也有合理性。毕竟，闻道有先后，术业有专攻，而且天时地利人和，不会每个人每次事都能够占全了。

那么，怎么才能停止精神内耗呢？

（1）停止对自己的打压。不管一件事情是否能够成功，我们先要告诉自己：我有这个能力，我努力了，就有机会获得成功，但失败了也并不可怕，不要把所有的错都归咎在自己身上。

（2）多关注自己的成长。这次考了60分，下次考了70分，

这样的进步值得肯定和庆贺,少攀比,少看别人,不要死死盯着考100分的同学,然后默默否定自己,这样的内耗没有任何价值和意义。

■ 不妨在竞技体育中输一次

对于普通人来说,如果从来都没有失败过,绝对不是一件值得高兴的事。如果一个人从来没有失败过,那么这个人的内心会非常脆弱,即使这种人看起来很优秀,但是一旦经历一点小小的挫折,就会难以承受,一击即溃。就像温室里的花朵,经不起暴风雨的洗礼一样。

如果我们觉得自己处于很严重的精神内耗和自我否定中,那不妨去参加一次体育竞技,不管是运动会上的赛跑,还是平时和玩伴的骑单车较量,只要是能力所及或兴趣所在即可。

我们参与体育竞技的目的,不是为了赢,而是为了输,甚至可以说是专门为了体验失败的感觉、增加失败的经历而参与,目的是让自己做一个敢于直面失败、能够承受失败的人。

体育竞技,不仅可以强化竞争意识,还可以提升对于失败的心理钝感。当我们全身心地放松投入比赛时,就没有精力去胡思乱想,可以放松紧绷的神经,比赛最后的结果并不重要,一切随缘就好。如果赢了,那就欢呼雀跃,展示自信;如果输了,那就泯然一笑,彰显从容。只要能够帮助自己获得成长和进步,失败就是有价值的。

第六章 复原力：在逆境中自我疗愈

复盘，让失败不再重演

虽然失败经常会让我们陷入叫苦不迭的困境，但我们应该感谢命运中的坎坷和困境，因为只有困境才能让我们快速成长，快速找到自己身上的不足。

为什么有人能够通过不懈努力，从失败中脱困而出，成为一个真正强大的人，而有的人却在同样的地方屡次跌倒、一蹶不振？因为这种人只看到了失败的结果，没有看到失败中暗藏的机会，再加上没有深刻反省，所以找不到改善方法，只能重蹈覆辙。就像我们在打游戏时一样，如果每次都在一个地方失败，而自己又从来不思考失败的原因，那就只能不停地浪费时间和精力。

如果说失败是成功之母，那么困难就是通往成功的机会和捷径。

■ 失败后要做的第一件事

在时代洪流滚滚向前的当下，直播带货大量占据了人们的视线。加上国家对教育领域的政策调整，新东方从一个教育企业转型加入了直播大军，甚至成了直播领域的佼佼者。董宇辉也就这样走入了大家的视野。细观董宇辉的直播，我们不难发现，他之所以能够成长的这么快，跟他本身的总结和复盘是分不开的。直播刚刚开始的时候，观众人数不超过两位数，在讲述产品的过程中，董宇辉

和他的团队对每一项数据都作了复盘和分析,也因此他们了解了观众喜欢看什么,在什么样的情况下更容易下单等等,现在董宇辉的直播间已经拥有了数百万的粉丝群体,他给企业带来的商业价值也不言而喻。

因为管理层的问题,董宇辉和公司之间出现了矛盾和冲突。而新东方领头人俞敏洪处理的速度非常快,撤换人员,和董宇辉一起直播,态度加上行动,让所有人看到了企业的态度,也做出了计划和调整。这都是新东方十几年来的经验,所谓经验就是从一次次失败中复盘得来的。遇到问题,解决问题的方法有很多,但总有些方法更有效,更能为长远利益产生影响。而反观董宇辉本人,这次事件对他来说是打击,也是冲突。虽然很多企业、公司向他抛出橄榄枝,可他并没有因此被诱惑,我们可以说他是个纯真善良的人,也可以说他是一个善于思考,善于全盘考虑的人。这样的人具有全局观,能够通过复盘看清楚整个事件的逻辑关系,也就能够更好地进行下一步行动。

所以,在矛盾或者冲突面前,我们首先要做的事情就是复盘。通过反省和总结,找出导致这些矛盾和冲突的真正原因,是操作的问题,还是天时地利的问题,又或者是自己的心态问题。

■ 复盘思维的三个关键词

何为复盘?这个词语出自围棋或其他竞技棋类,也就是一场比赛结束后,让双方都重新看一遍下棋的过程。复盘可以帮助棋手回顾自己的失误和漏洞,以此提升自己的能力。优秀的棋手往往都是通过大量的反复练习、反复复盘来提升能力的,这是防止在同一个地方犯错误的最好方法。

在生活和学习中,我们应该如何对失败的教训进行复盘呢?

(1)明确目标

当我们复盘的时候,需要重新回顾目标,评估计划。比如,今天给自己定下默写 50 个单词的任务,为什么没有完成?是目标定得高了,还是背单词的方法不对。

(2)树立全局意识

失败的原因可以分为主观原因和客观原因,往往不是某个人自身导致的,对此我们要结合环境去审视,要树立全局意识。比如,背诵文章的时候,是不是受到手机信息的干扰、无法专心致志,或者是因为其他计划的插入影响了背诵的进程。

(3)优化计划

在明确了目标和原因后,我们应该能够找到导致失败的症结所在,而这次失败的宝贵经验就可以用来制订第二天的新计划,让目标更加合理,方法更加可行。比如,某一次测试考了满分我们不应该炫耀,这也许会让我们损失一两个平时的玩伴。因此我们学会了不要高调做事,而是要低调。这样,才能在今后取得更大的成绩时,懂得如何和别人分享自己的成绩,而不是一味地炫耀。

第七章

规划力：清晰预见十年内的人生轨迹

规划力每个人都有，区别在于是否去用心修炼这种本领。所有底层能力其实都是在为即将发生的事情做准备，预则立，不预则废，规划力的重要性就在这里。

少年底层能力说

梦想是一场双向奔赴

我们都是有梦想的人,这个世界也因为梦想而变得多彩、变得美丽。与其说是我们在追求梦想,不如说我们与梦想是一场双向奔赴,只为最美的相遇。朝着自己的梦想出发吧,把梦想变成利器,带着我们踏上人生的竞技场,最终获得胜利。

■ 每个人都要有梦想

杂交水稻之父袁隆平在年轻时就有明确的梦想——让中国人都吃饱饭。当时很多人认为这个梦想是不可行的。在寻找杂交水稻的材料时,袁隆平遇到很多阻碍,但他没有气馁和退缩,迎难而上,排除万难,坚持自己的梦想,这才让我们现在的水稻产量居于世界之巅。

在小的时候,梦想的种子就埋在了我们的心里,随着年龄的增长,不断生根发芽,有些梦想会伴随我们一生,成就我们的职业生涯。我们每个人都有自己想要的东西,有了梦想,也就有了行动的决心,也就有了坚持行动的韧性。生活就是这样一场关于梦想和现实的纠缠,只有那些成为梦想主人的人,才能更加游刃有余地掌控自己的人生。

不管你擅长学习还是不擅长学习，不管你努力的方向是向左还是向右，大多数人的人生都是一条平凡之路，你要做的就是让这条平凡之路充满属于自己的精彩。在轮椅上研究宇宙奥秘的霍金是伟大的，在农田里汗流浃背耕耘的农民也是伟大的，每个人都经营着自己小小的梦想和幸福，只要精神世界是丰富的、积极向上的，每个人都是伟大的。

人不能没有梦想，但也不能有太多的梦想。随着年龄的增长，我们会发现，这些年来我们的目标和梦想大部分并没有实现。尽管梦想不是单选题，但梦想太多，精力分散，就会导致发力不足。所以一定要把有限的精力放在更有价值的梦想上，而且梦想的格局要大一点。

■ 即便无法实现，梦想仍意义非凡

梦想是人生的推动剂，即使有些梦想最终并没有实现，也能在我们的人生中起到很大的促进作用。比如，你很喜欢足球，可是天分有限，即使努力练习，也没有成为专业的足球运动员，可是这个梦想却让你拥有了强健的体魄和丰富的协作经验，这同样也是一种收获。梦想的意义不在于让我们获得名利，而是让人生充满意义。

那些无法实现的梦想是成长的灯塔。比如，发明飞机的莱特兄弟，小时候所做的各种各样的试验都失败了，可这就是试错过程，也是认识到自己知识不足的过程。那些无法实现的梦想都将成为我们的明灯，告诉我们哪条路能通往罗马、哪条路的终点是南墙。

无法实现的梦想是美好的记忆。小时候我们想要成为超级英

雄，在小区里跑来跑去寻找坏人，长大后觉得当时的自己很幼稚，可依然觉得儿时很快乐。这些没有实现的梦想或永远不可能实现的梦想，都是可以疗愈我们的素材，在我们想要退缩的时候带给我们勇气和继续努力的希望。面对一道难题时，回想起曾经想要像超级英雄一样驯服所有坏人，是不是也能找回许久未见的勇气呢？

兴趣变现，找到成长的突破点

梦想是一个方向。想要去南边，如果使劲往北走，再努力也是徒然。由此可见，方向比努力更重要，能够始终把握住正确方向的人，获得成功的概率会更高。

每个人的梦想不同，自身的条件不同，努力的方向也不同。想要更顺应自己的天性，就需要找到自己的兴趣所在。特长特长，首先要擅长，擅长的前提就是兴趣，像3岁拿起小提琴的莫扎特、6岁拿起画笔的达·芬奇，最初的纯粹兴趣，促使这些大师取得非凡成就。

人生最美好的状态莫过于从事自己喜欢且擅长的事情，无论从内在驱动力还是外在目标，我们都会得到极大的满足。正因如此，对于兴趣的培养才显得如此重要。能够将兴趣列入人生规划，突破每一次成长的屏障，看着自己从一粒种子长成参天巨树，一定非常有成就感。

■ 区分"真兴趣"和"伪兴趣"

通常来说，我们可以把兴趣分为三种：

(1) 刺激型兴趣

这种刺激型兴趣属于三分钟热情,只是一时的心血来潮,来得快去得也快。比如味觉刺激、视觉刺激,喜欢吃甜品、喜欢好看的衣服等等。只要外界条件不存在了,这些兴趣可能就没有了。

(2) 主动型兴趣

这是主动参与的兴趣,像我们喜欢看某个类型的电影、某个内容的书籍等等。这种类型的兴趣能够极大程度地促进我们的行为,可以据此制定职业规划和学习目标。比如拼积木、建模型,这需要花费大量的时间和精力,可是许多同学乐此不疲。这种兴趣能够训练空间构建和色彩搭配能力,如果我们擅长于此,可以考虑未来成为一名建筑设计师。

(3) 价值型兴趣

比如陶冶情操的绘画艺术、强身健体的体育项目、记录生活的文学创作,这种兴趣体现了我们的价值观,更接近于真正的兴趣,是将梦想融入日常生活的一种状态,也是能给我们带来真正成长意义的兴趣。

不过,还需要从中甄别出一些伪兴趣。我们身边一定有这样的同学:一到周末就参加各种兴趣班,上午游泳课,下午舞蹈课,晚上演讲课,忙得不亦乐乎。所谓兴趣班,目的是丰富课余生活,也是为了帮助大家更好地发掘自己的兴趣,但如果我们只是心不甘情不愿地疲于应付,说明这些兴趣就是伪兴趣。

找到真正的兴趣所在,与我们的长远计划有机结合,才能在成长中找到快乐、实现突破。

■ **将兴趣投射到未来**

我们是不是都有过这样的想法：等我长大了，就再也不用写作业了，再也不用考试了，那该有多快乐，于是天天盼望着毕业，盼望着长大。实际上，真的长大之后，我们就会发现成年人的世界里，原来的兴趣已经变得难以立足，以前爱好的篮球、足球，好几个月都没有时间打，吉他和键盘也在房间的角落里布满灰尘，因为我们每天都在为生活而奔波。

想要保留自己的兴趣，就必须发现兴趣的价值、延伸兴趣的价值，将兴趣有意识、有计划地投射到未来的生活之中，甚至可以纳入职业规划的考虑范畴。比如，对运动感兴趣，可以把成为某个体育项目的专业运动员作为自己的梦想；对唱歌感兴趣，可以将成为音乐家、演奏家或歌唱家作为自己的梦想。

想要把自己的兴趣和真正的职业联系起来，提前体验是非常重要的，多找机会，体验不同的职业，比如参加各种主题夏令营、专业体验馆、社会体验活动，让自己感受不同的兴趣所在，也就能更合理地制定职业规划。在努力实现梦想的过程中，我们会发现，拥有天赋的人比其他人更容易获得成功，可以事半功倍地实现职业理想。

少年底层能力说

制作梦想清单

还记得电影《人在旅途之泰囧》里的王宝吗？他来泰国之前，制作了一个愿望清单，上面写着：做 SPA、打泰拳、参加泼水节、放孔明灯、种健康树、骑大象、写旅行日记等，每完成一项，就会划掉一项，等所有的项都划完，那么此次的泰国之行也就可以圆满收官了。这就是梦想清单。

■ 最初的梦想最单纯

好的开始就是成功的一半，我们可以从时间、关注点和目标三个方面来制作自己的梦想清单。

从时间上来划分，每天想做什么，每个月想做什么，每年想做什么；从关注点上划分，比如基础学科类、音乐类、绘画类、体育类等；从目标上划分，就是想要达到的最终效果，比如考试满分、音乐获奖、体育破纪录等。

梦想清单和任务计划有异曲同工之妙，但又有细微差别，梦想可以更加宏伟、更加宽广。因此我们不需要向实际情况妥协。即使我们现在选择了理科，但也不代表我们就要因此放弃自己的作家梦，选择理科是为了更好的生活体验，但我们同时也拥有成为作家的无限可能。

■ 学会准备 B 计划

在我们实现目标的时候，计划和变化就像两个死对头一样，时不时发生冲突。一方面我们已经有了很详细的安排，另一方面事情随时可以发生变化。所以，大部分科学家在设计实验的时候都会有多种安排，以便一个方案失败了，马上可以换另一种方案，这样就可以节约时间，降低出错的概率。

谁也不能保证计划万无一失，梦想清单也是如此。通往梦想的道路从来不是单一的，也不是非黑即白的。我们应该尽可能地思虑周全，提前准备 B 计划。但千万不要把备用方案当作降低目标退而求其次的选择。

■ 试错是聪明的笨办法

对于未来，选择是一件痛苦的事情，因为我们都害怕选错，都害怕失败，生活看似无意带给我们的东西，随时都可能崩塌，最讽刺的是我们在选择的那一刻并不能预知未来，我们能做的就是凭着感觉和经验选择一个问心无愧的未来，用磨砺后的经验给选择增加正确的几率。

爱迪生经过几千次的试验，才发现适合做灯丝的材料，很多人都觉得这真是个笨办法。实际上，科学家波普尔把这种方式叫作"从错误中学习"。也就是说，所有过程都是验证过程，证实或者证伪。在找到绝佳方案之前，试错其实是最直接的方法。

换个角度理解，我们在实行梦想计划的时候，试错的过程就是寻对的过程。这种对于未知的探索，需要逻辑思维，需要总结归纳，

但是所有的定论都是基于我们在试错过程中产生的结果。站在理想的高度，不断尝试和试错，用现实去检验自己的方案，让所有计划都有侧重地进行微调，让所有行动都更靠近最终的目标，这是通往成功的捷径。

榜样和对手都是我们检验梦想的好帮手。在发现自己的计划出错或存在不足之后，参照合适的对比目标，找出差距，看看别人是怎么做的，是否比我们的方法更好，或者有没有可以借鉴的地方，这些都可以作为调整计划的参考。

比如，我们想要自学编程语言，以后成为制作电子游戏的程序员，一段时间后，你却始终不得要领，这时，就要思考一下自己比别人差在哪里，或者哪些事情是我们可以学习的，经过对比，找到自己计划的弱点并补足。

这份梦想清单，不管我们试错了多久，不管我们换了多少套方案，只要理想犹在，目标坚定，我们总能实现最终的梦想。

第七章 规划力：清晰预见十年内的人生轨迹

盯住我们想成为的那个人

很多人都有自己偶像或者榜样，他可以是一个德高望重的学者，可以是一个艺术家，也可以是一个明星。只要是能给我们带来正能量影响的人，都可以成为我们的榜样。用心去向我们要成为的人学习，让自己的梦想有据可循。

■ 追星可以，但别做脑残粉

我们不反对大家追星，反对的只是毫无理性的追捧行为。无脑追星既浪费我们的时间和精力，又消耗我们真正的兴趣和规划，得不偿失。

我们喜欢偶像，应该是去喜欢他闪光的地方，比如善良、努力、刻苦，用他的精神激励我们成为像偶像一样优秀的人。如果只是羡慕偶像的颜值，用父母的钱给偶像打榜花钱，这种追星方式对我们的人生不会有任何积极影响。

■ 偶像的人生只供我们参考

通常来说，偶像的人生不能作为我们的目标去完全复制，只能给我们提供一些参考。

或许有的同学会觉得，一些流量明星并没有很高的学历、也没

有很好的成绩，有些人高考成绩低得不可思议，但是他们照样拥有精彩的人生，由此便滋生了"学习无用"的想法，萌生了早点离开学校步入社会、像偶像一样趁着年轻出去闯荡的意愿，甚至想一夜成名、不劳而获。

"想成为偶像那样的人"，我们应该致力于拥有偶像的"内核"，也就是拥有像他那样的价值观、人生观、世界观。

我们仰慕偶像，因为他们身上有我们无法企及的某些特点，或者说他们做到了普通人做不到的事情。但我们很少会去思考，这些特点是怎样炼成的。偶像之所以是偶像，是因为他们在成长的过程中经历了我们无法想象的挫折。跳舞唱歌看起来很酷，可真要在舞台上自如发挥，台下要付出大量努力是显而易见的。

通过参照偶像的成长经历和成功历程，我们可以告诉自己：想要实现怎样的目标，就要付出怎样的努力。

我们还要从更大的格局、更高的层面上审视偶像的价值，根据自己的实际情况规划这条具有自身特色的"模仿"之路。不要只是停留在羡慕和模仿上，要相信自己有升级和超越的能力，相信自己可以比偶像更加优秀，用更高的目标激励自己，用更好的策略规划未来，直到拥有足够的实力去独当一面，我们的人生一定会更加精彩。

我们所走的每一步，都是一个选择，每一次选择都会影响我们的未来。梦想会在我们的生命中无限拓展，我们的未来不是别人可以主宰的，只有我们自己，懂得了属于自己的责任，实现了自己的价值，未来才会变得有意义。

里程碑法则,从过去看未来

但凡经历,皆为里程碑。一个人的眼神里一定藏着他所经历的过去,一个人的行为也有着过去的痕迹。我们经历的所有事情,都不会浪费,哪怕是别人口中的"弯路"。就像我们犯过的每一个错误,读过的每一本书,摔过的每一个跟头,都是我们规划未来的参考和基础。

■ 人生的路,每一步都算数

我们经历的所有事情都会给我们留下经验。人们常说,人生的路,每一步都不会白走,欢笑的,快乐的,悲伤的,遗憾的,总能教会我们一些东西,总能在未来发挥出作用。

为什么考试只有一张卷子,而平时的作业和习题却堆积如山?为什么期末成绩能用来评价一个学期的学习情况?这是因为我们的努力是日积月累的,练习得越充分,应对题目和挑战的能力就越强,容错率就越高。例如,有些很冷僻的题目,我们以前练习过了,考场上碰见时就不会当场崩溃,就算我们没有考好,也很容易找到问题所在,在下一次考试中可能会脱颖而出。

做一个自律的人,我们会在多年后感谢自己的自律,因为我们获得了健康的身体和坚毅的精神;做一个爱读书的人,我们会发现所有

的思想经年累月在脑海中，突然有一天就会产生新的思想，这种感觉会令我们欣喜若狂；做一个善于交友的人，每一段旅途中的朋友，都会带给我们不同的体验，小时候的玩伴教会我们分享，小学的同桌教会我们进步，初中高中的朋友让我们知道志同道合的友谊。

从来没有一蹴而就的成长。只有真正长途跋涉的人，才能最终看到远处的风景。我们要让自己的每一步都走得踏实，不要害怕走错路或走的路与别人不同，每个人的旅途都是自己和自己的约定。这条路很长，要走很久；这条路很险，要有足够的勇气；这条路很孤独，要付出巨大的忍耐。但只要我们能从过去学到东西，学以致用，那么所有的经历就都是值得的。

■ 我们有那么多梦想，为什么都没实现？

当初立下的目标都实现了吗？当初的梦想还在吗？是不是还有很多计划要做的事情还没有开始？很多同学在新学期开始前都会买一个本子，把自己的计划都写在上面，然后幻想着自己完成所有计划时的成就感，然而往往在学期末时发现完成的事情寥寥无几，只好把有些计划留待来年。于是，我们的梦想被推了一年又一年，目标也总是被搁浅。

可见，一些看似合理的目标，未必能输出可行的方案。许多同学都希望学习成绩能快速提高，但是却忽视知识的积累是一个缓慢的过程。文采斐然必然要经历大量的阅读，突发奇想也离不开尝试和模仿。我们需要放慢自己的脚步，不断努力前进的同时，也要学会及时且耐心地总结经验教训，对目标加以调整，这样才能避免计划屡屡落空,让自己一步一步地接近目标。

(1)总结过去的经验

我们为什么没有完成梦想?目标设定得太高了,目前还没有实现的能力;时间太少,根本做不完这些事;琐碎的事太多,无法专心致志;世界不公平,好多事都没有按照你的想法来。

比如,我们订下要考进年级前十名的目标,可最终没有完成。那么就要考虑一下这个目标是不是定得过高,或者某个学科是不是拖了后腿。然后针对过去的失败进行总结,据此制订新的计划,有针对性地改善某些弱项。就像我们的错题本一样,记录在上面的题,都是我们需要提升的部分。

(2)修改实现梦想的流程

人生不能一下成功,目标也不可能瞬间达成,成长的过程是循序渐进的。如果想要改变眼高手低的现状,我们还应该把实现梦想的流程完善一下:

首先,要有一个切实可行的目标,有了梦想才有努力的方向和动力;

其次,需要预想结果,量化目标,比如我们决定要减肥,那就要给自己定一个明确的体重,这样才能衡量进度和最终成果;

然后,要把可能遇到的挑战都列出来,前进的道路不会一帆风顺,会有哪些困难,我们该如何解决这些困难,都应该在树立梦想的时候全面考虑;

最后,制订详细的计划,严格按照每个步骤推进。

■ 我们想对一年前的自己说些什么

经过一年的成长经历,我们想对一年前的自己说些什么?是告诫还是鼓励?是批评还是夸奖?这种自我沟通,是及时纠正我们人生轨迹的重要方法。

我们可以对一年前的自己说:努力了一年,是不会白费的,时间和努力都不会骗人,除非自己骗了自己;学习和生活都不是一帆风顺的,但是现在的我已经比去年的我做得更好;去年订下的目标虽然没有完成,但每一个目标都有推进,今年如何调整,我已经想好了;今年的我已经不再情绪化,懂得控制自己,集中精力在更需要的地方。

第八章

执行力：让价值切实存在的证据

"我听到的会忘掉，我看到的能记住，我做过的才真正明白。"不管是目标还是梦想，不论是学习还是人生，脚踏实地的行动是把纸上计划变成现实的最有效方式。我们要做一个积极执行自我价值的人，而不是一个积极做梦的碌碌无为者。

今天不主动，明天很被动

看着还未完成的作业堆积如山，看着快要临近的考试时间，我们是不是觉得心乱如麻，尤其是考试的前几天已经开启疯狂复习模式，却始终感觉时间不够用。

实际上，此时的焦虑完全可以避免。在我们不想去复习而选择打游戏的时候，在我们不想写作业而选择看电视的时候，在我们不想好好听讲而选择和同学悄悄说话的时候，这些令自己面对考试可以胸有成竹、从容不迫的机会都慢慢溜走了。

学习是一个连续积累的过程，今天我们不主动学习，明天就只能被动应付，而且大概率应付的效果都不会理想。

■ 当"临时抱佛脚"成为应急常态后

不管是小学，还是大学，几乎总能看到那些"临时抱佛脚"的人。有些小学生在暑假前一两天赶整个暑假的作业。有些大学一到考试周，图书馆就忽然爆满，一旦考试结束，这些人又会恢复到往日的懒散状态。

也许有些同学会觉得这没什么，只要能考出好成绩，早学习晚学习都一样。真的一样吗？被迫学出来的知识扎实吗？能为我们所用,帮助我们成长,适应竞争更激烈的明天吗?显然不能。

一旦养成了临时抱佛脚的习惯,就会慢慢变得缺乏时间管理意识,平时的懒散和偶发的焦虑交替出现,拉扯我们的意志力和适应力。把每件事情都拖到最后完成,对于学习中的我们来说,其实就是颠倒主次、放松自我要求的一种行为。

■ 效率是成长的关键

那么,如何消除被动学习或被迫成长的焦虑感呢?除了我们之前提过的自律和计划,提高效率是关键。

被动学习或者总是最后一刻才行动的人,会在短时间内增加学习时间,同时失去了休息、睡眠和锻炼的时间,这时候我们会误以为自己的学习效率奇高,但实际上只是一种努力的假象,这样的高效毫无意义,没有产生任何价值。

要想真正提高执行效率,可以这样做:

(1)在有限的时间里,合理安排有利成长的事情

比如,有的同学每天都会去操场跑步,同时戴着耳机听英文,这样的安排是一种合理的一心二用,既提高了身体素质,又增加了英文知识,练习了听力。

(2)找准动机,专注在喜欢的事情上

人只有做自己喜欢的事情时才会更加专注,有的同学喜欢跑步,有的同学喜欢打球,有的同学喜欢游泳,但不管什么运动,都可以帮我们锻炼身体。而在学习的时候,先完成自己最喜欢的功课,

让自己进入学习状态,然后再进行比较有挑战的学习,有利于我们更好地提高学习效率。总之,注意力在哪里,效率就会在哪里提高,我们也会在哪里看到成绩。

■ 看到事物本身的意义和价值

这几年网课的出现,让许多同学的学习方式发生了巨大的改变,就连学校的教学方法也顺势更新。网课消除了距离的限制,可是却让很多同学迷失了方向,学习知识的效率也大大下降,尤其是低年级的同学和自制力较差的同学,成绩下降更为明显。

究其原因,很多同学没有明白上学的真正意义,甚至觉得学习是为了父母、老师。而高年级的同学明白上学的意义,在学习这件事上,他们有着充足的内在驱动力。尤其是高三同学,他们能够主动学习,主动和老师互动交流,网课结束后的作业习题也都会主动完成。

每一件能够让我们成长的事情都伴随着努力和付出,主动努力会让我们的效率更高,心情更加愉快,被动学习往往让我们产生抗拒心理,应付了事。

鲁迅在日本学医时,非常刻苦努力,但也经常赶着要考试时才发奋看书,他了解学医的意义——给自己好的生活。可是当他知道了医人要先医心的时候,他决心用自己的文字去唤醒中国人的血性,这是为了挽救一个民族、一个国家,于是他开始笔耕不辍,写出了无数发人深省的好文章。

总而言之,内在驱动力是效率的基础,而激发它的最好方法就是找寻目标的意义。

第八章 执行力：让价值切实存在的证据

畏惧行动的两个原因

电影《中国合伙人》里面说过：掉进水里不会淹死，待在水里，才会被淹死，以此说明行动才是唯一出路。但是许多人在定目标、说梦想的时候都很激动振奋，可一到行动时就畏首畏尾、踟蹰不前，行动力和远大目标不匹配。如果没有行动，效率便无从谈起，第一步都迈不出去，所有高谈阔论都会变成纸上谈兵。

为了解决这个行动力差的问题，我们首先要清楚，束缚我们行动的究竟是什么？

■ 看不见未来

有时候，我们不是害怕成长，而是害怕失败，害怕努力了却没有结果。很多同学定了目标之后，由于担心自己努力之后没有达到目标而感到失望，或者是怕其他同学嘲笑而感到自卑，或者感觉自己的计划不够完美而陷入迷茫，所以在行动的时候就会受到限制，甚至根本不敢往前走。在他们看来，未来是一片漆黑的，因此不敢贸然走入。

当我们看不到未来的时候，可以拆分一下自己的梦想，把大目标化成小目标，让行动步骤清晰可见，然后按照一个一个小目标来

实行，让自己先行动起来，往前一小步，看得更清楚，只有一步一步地接近目标，才能更直观地看到目标即将达成时的状态。

■ 只看见眼前

俗话说，万事开头难。无论我们想要做成什么，不只看到眼前，要用发展的眼光看待环境的变化、能力的升级，给自己一个乐观的预期，这样才能实现从无到有的突破。发明飞机的人一开始想的一定是"人类早晚有一天可以借助工具，像鸟一样飞在天上"，如果当初他们想到的只是"人没有翅膀，所以不可能飞到天上"，那么也就不会发挥自己的奇思妙想、经过多次试验，发明出飞机了。

■ 不要留下"如果当初……"的遗憾

经常听到有些人说："如果我当时再坚持一下……"，可是人生没有如果，过去了就是过去了，错过了也不可能再有第二次机会。那些在最后一秒放弃的人，也就只能眼巴巴地看着那些坚持到最后而获得成功的人，心中徒留百般遗憾。

为什么我们当时不想努力呢？从心理学讲，这是人的本能，我们在努力的时候都会觉得辛苦，可是看到别人获得收获的时候又会羡慕，后悔自己当初没有努力坚持，并且假想自己若是努力了，结果会不一样。这种情绪在学习中很常见，在别人拼命做题背单词的时候，有些同学觉得枯燥，敷衍一下就跑去玩耍，到了考试的时候发现自己什么都没记住。

在面对想要放弃的情绪时，不妨坚持一下，多看一页书，多做一道题，也许就能发现其实并没有多疲劳，确实还可以再努力一下。

不要害怕困难，累了就休息一下，但不要停下来，跌倒了站起来继续走，摔疼了就蹲下来哭一阵，然后擦干眼泪，满怀的信心继续走下去，没有借口，不要退缩。

少年底层能力说

执行不是直行,要三思而后行

实事求是——是这个时代最伟大的哲学理论之一。其中涵盖的道理不仅仅是摆事实,讲道理,更将"结合实际思考,用实际指导行动"这一理念总结了出来。开西餐馆的老板,如果不了解当地的风土人情,把餐馆开在了更喜欢传统食物的社区,那赚钱就是奢望;在印度开的汉堡店,肯定不能卖牛肉煲;奶茶和快餐一定是在学校和写字楼附近卖的最好。这些例子都告诉我们,三思而后行,做事要结合实际情况思考,这样才能行之有效。

假如我们对环境判断不准,那么我们做的事情就会事倍功半,因为一开始我们可能就选错了方向。就像这位英国商人,他的逻辑没有错,错在没有了解清楚中国市场需要什么。

倘若把执行力当作横冲直撞的蛮力,那就是盲目执行,有可能永远都不会达成目标。我们鼓励大家勇往直前,向着目标前进,但同时也希望每个人的目标都是合理的、有计划的。在行动之前,先思考一番,让自己所走的每一步都不浪费。

■ 有时候,"马上去做"等于"马上失败"

NBA赛场上,我们不会看到没有热身就上场的运动员,F1方程式赛车场上,我们也不会看到没有穿好防护准备就脚踩油门的车手。执行力不是让我们立刻出发,也不是不做任何预判和准备就马上行动。

很多时候,不做详细的计划和考察,就付诸行动,可能刚出发就跌倒。我们说的"三思而后行""谋定而后动",就是为了避免出现这种情况。

■ 谨记欲速则不达

我们总是希望自己能够更快达到目标,而往往事与愿违。比如,许多同学在课堂上做笔记,总是追求速度,字写得飞快,脑子里却空空如也,等到做题和复习的时候,才发现根本看不懂写的啥,还要重新整理一遍,这不更浪费时间吗?

速度和质量相比,明显质量更重要一些。执行力讲究的是坚持,绝对不是草草了事。网络上有一个很有趣的段子:一个施工队拿到了图纸,没有仔细研究立刻就开始施工,很快,一座塔就建好了,等到验收的时候,才发现图纸要求是挖一口深井。虽然很荒诞,但这就是典型的欲速则不达,就是只要速度、不要质量,只考虑执行、不考虑目标的行为。

"只问耕耘,不问收获"是一种脚踏实地的执行力,但不应该被解读为"低着头,盲目努力"。果断和坚持的行事风格,配合冷静合理的分析,才能让每一个目标都实现得既踏实又有力。

■ 使用思维导图,明示行动规划

这里介绍一个有效提高执行力质量的小工具:思维导图。

我们可以利用思维导图,组织思想,分析问题,写出所有的计划方案。思维导图的结构越完整、内容越丰富越好,做到有中心、有方法、有延伸。自己的思想与别人的建议,每一个小细节都可以放进去,但一定要保证计划始终围绕着中心,即目标本身,目标和行动之间要存在合理的逻辑联系,也就是说,我们明确知道为什么要这么做等。

下面简单介绍一个思维导图的设计步骤:

(1)准备一张空白的纸,在中心写出或者画出自己的计划主题,比如说本学期英文学习;

(2)从中心开始向四周发散,写出二级主题,包括:学习计划、学习日程、学习笔记、学习管理等;

(3)顺着每个二级主题,再次往下延伸,把每个地方的内容补全,比如学习日常里要有每天上课的内容、背诵的规划和错题的订正等;

(4)使用不同的标记方法,把每个细节的内容标出来,可以画一个小五角星标记比较重要的事情,画一个黑色的小旗子标记紧迫的事情;

(5)在每个元素旁边留一个小框,用于记录完成情况与奖励措施。

第八章 执行力：让价值切实存在的证据

缩减说和做的距离

我们最富有激情和斗志的时候，莫过于清晨与开学伊始，那时我们可以充满热情地大声喊出自己的奋斗口号、立下马上想要实现的目标。

可到了真正要行动的时候，我们却总是很拖沓，迟迟不愿踏出第一步。明日复明日，明日何其多。一个又一个明日累积起来，当初立志要做完的事情，到了明年也未必能落实。

比如，我们羡慕那些身体苗条的明星。每次刷到"五天练出腹肌、躺着瘦大腿"等健身视频，都会习惯性地收藏起来，准备开始运动。直到收藏夹里积累了几百个视频，我们依然没有做一个动作。真可谓是"收藏从未停止，行动从未开始"。

如果不让行动落到实处，说和做之间永远都会隔着一条鸿沟。

■ **执行力最大的敌人就是拖延**

拖延症是一种情绪反应、一种正常的心理行为，也是一种自主延迟计划好的决定和行为的动作。有时候我们明明知道拖延的后果，可还是会拖延。

拖延症会降低我们的效率，模糊我们的目标，在心理上给我们

带来负罪感和压力,如果拖延的行为没有适当的理由,这种负面影响就会更加强烈。

暑假作业基本上每个同学都会拖延。刚放假的时候,学习计划做得非常完美,每天写几页,几天写完;英语每天背多少单词,希望所有学习任务都可以有条不紊地按时完成。暑假开始之后,我们的时间却被玩耍、电视和游戏占据了,以至于每天临睡前才发现留给学习的时间少得可怜,不得不修改计划,顺便安慰自己:"明天再开始写作业吧,就耽误一天,不会有什么影响的。"于是日子就会这样一天一天地过完,等到开学日期进入了倒计时,开始感到恐慌,最后只能在开学前两天急急忙忙补完所有作业。

拖延症一开始都是有合理性原因的,比如暑假时间充裕,没必要按照计划每天做作业,前期可以先开心地放飞自我,后期多做一些就行。只不过拖延是有惯性的,当你习惯了明日复明日,最终会发现明日就开学了。

除此之外,拖延的事情必然是我们不喜欢的事情,而且短时间内很难获得显著的成绩。一旦我们开始为自己的拖延行为辩解,这件事情就会越来越不受喜欢,拖延的时间就越久,造成的后果也就越严重。

要想摆脱拖延症,就要加强时间管理的能力,使用适当方法提高办事效率。我们可以把任务安排在每天最容易坚持、最容易专注的时候。只要开始做,拖延症就会慢慢地远离我们。

■ 使用"番茄时间",提高做事效率

番茄时间是提高做事效率的好方法。

首先,我们需要一个番茄计时小工具,网上就可以下载。

然后,还需要一个学习计划表,详细记录每天要做的事情和顺序,除此之外,还要给自己留出处置突发事件的时间。

一个番茄时间是半个小时,包括 25 分钟的学习时间和 5 分钟的休息时间,而且,这是最小的单位,不能再去分割,每完成四个番茄时间,进行一次较长时间的休息。

使用这种方法规划和利用时间,可以让我们以最快的速度进入学习状态,并且稳步前进,取得较好的学习效果。

少年底层能力说

及时纠正"无组织"的行为

南辕北辙，缘木求鱼，这两个成语相信大家都不陌生。自古以来，人们就明白如果努力的方向错了，不管多努力，只会离目标越来越远。把计划外的行动尽可能地减少，把时间尽可能地组织起来，这是让我们的执行力更有方向、更有成绩的重要方法之一。

■ 作文怕跑题，行动怕跑偏

语文老师每次说到作文时，不怕词藻不够华丽，也不怕事例不够新颖，最怕的是你跑题。

有时候，即便我们目标明确，也会在执行的过程中受到各种因素影响，从而导致行动偏离预设轨道。比如，周末我们去爬山，目标是登顶，可是走着走着，看到一群阿姨走了另一条路，于是我们也跟了过去，一路上山路崎岖，累得我们气喘吁吁，好不容易到了目的地，才发现，这里并不是顶峰，而是半山腰休息站。

再以写作文为例，题目是《我的妈妈》，一开始我们确实在描述妈妈的各种特点，只是偶尔提到了一句"爸爸经常惹妈妈生气"，便一发不可收拾地写起了爸爸曾经做过的错事，才思泉涌、妙笔生花，甚至天马行空地设想起一些完全不相干的情节，写到只剩最后一行空行时才想起来要扣题，于是以"所以妈妈很讨厌爸爸"草草结尾。这就是典型的跑题作文。无论我们在讲述爸爸的故事时多么出色,也无法掩盖跑题的事实。

■ 偏离轨道会事倍功半

著名的物理学家杨振宁教授,年轻时候的梦想是成为一名实验物理学家,可是在实验的过程中,他发现自己的动手能力确实不够强,做实验不是这里出错,就是那里有问题,为此他很苦恼,但是为了梦想还是要坚持。后来有位老师劝说他应该往理论物理的方向转变,这次他没有再坚持自己的固执,转身专注地投身理论物理的研究,然后发现了宇称不守恒,且获得了诺贝尔物理学奖。我们试想,假若杨教授一直选择实验物理,也许也会有成就,但大概率不会取得现在这么令人瞩目的成就。所以说,有的时候不是你不够优秀,而是你选择的赛道偏离了最适合你的轨迹。

由此可见,缺乏行为纠偏步骤的目标管理是事倍功半的罪魁祸首。所有的计划和行动都应该围绕目标来进行,不论是阶段性目标,还是长远目标,都需要我们加以精确管理。否则在开始行动之后,各种事项累积在一起,稍不留神,便很容易使自己陷入剪不断理还乱的行动状态。

即便之前已经有了明确且全面的规划,但现在又需要重新评估情况,想要厘清这些事项的先后顺序和轻重缓急,肯定需要付出更多的精力和时间,而且在没有得到评估结果和改良方案之前,我们完全不知道现在应该做什么、明天应该做什么,于是只能暂时随心所欲地采取行动,这些计划之外的付出,本质上都只是费力不讨好

的无组织行为。

要知道，一个人的精力就那么多，假如将自己置入"不停在行动、不停在犯错、不停在纠偏、不停在重新规划、不停在行动、不停在犯错……"的死循环中，就会白白浪费我们的大好青春。

■ 进行阶段性的反省与思考

为了保证方向性的正确，确保我们尽量直线行进至目的地，阶段性的总结和思考是非常必要的，也可以最大程度地避免我们跑偏太远，帮助我们不要在同一个地方跌倒两次。

我们在纠正自己无组织行为的同时，可以参考以下建议，从实际出发，扩充自己的思维导图和计划：

（1）根据自己的目标导图，设计出每个二级标题或者三级标题的具体执行计划，并且在一个时间段内（一周、一个月或者一个季度）进行完成度的总结，以确认哪里没有做完；

（2）总结自己没有完成的原因，这是非常重要的。允许自己有些目标没有完成，但一定要知道哪里出了问题、如何避免？这才是总结的价值；

（3）对重复出现的错误进行强调，比如连续两周都是因为语文背诵的原因，没有完成既定目标，那么就需要重点注意这个部分，是否需要更多的时间或者更多的辅导来完成语文背诵环节等等。

第八章 执行力：让价值切实存在的证据

持续行动的两个维度

行动讲究持之以恒。换言之，我们需要维持好状态的持续和时间的持续。状态是我们做一件事情时所拥有的热情和内驱力，是一直都兴致勃勃、专心致志，还是三分钟热情、心不在焉。时间是我们做一件事情时所花费的连续时间，是冬练三九夏练三伏，还是三天打鱼两天晒网。

■ 你的行动图腾是"虎头蛇尾"吗？

在高中生参加的机器人设计大赛中，经常会听到有同学说："这个机器人，当时我也想做来着，只不过没做下去。"看着别人举着奖杯，收获大家的喝彩，他们总是会感慨这些荣誉本来应该是属于自己的。当询问他们为什么没有坚持做下去的原因，我们会发现，一开始的创意迸发并不是最难的，最难的是付诸实践之后的反复试错和坚持努力，很多人都倒在了努力的路上，只有一个精彩的开头，却没有通过脚踏实地的行动给自己一个漂亮的结局。这就是典型的做起事来虎头蛇尾。

比计划和开始更难做的就是坚持，一时的奋斗不难，难的是一直奋斗。高喊着要成为外交官的同学，可能一个礼拜后就放弃了每天攻读时政要闻、写读书心得；号称要获得模特身材的同学，可能

跑了三天的步,就把跑鞋丢到鞋架上落灰了。三分钟热情不会给成长带来真正的价值,只有持续保持努力,才能够让喊出的口号成为现实。

做事经常虎头蛇尾、无法坚持到底的人,都会有这几个通病:

(1)怕苦怕累,在他们看来,追求结果的过程中充满了艰辛与枯燥,"力有余而心不足";

(2)不切实际,急于求成,就像还没有学会游泳,非要去学冲浪,有些事情要循序渐进,目标定得太大,只能消磨自己的斗志,最后落得草草收场的结局;

(3)孤军奋战,凡事都独自扛着,早晚会被压力压垮,如果有了志同道合的行动伙伴,大家相互扶助、鼓励、监督,大概率会提升坚持的动力。

■ 如何保持"状态持续"

状态持续是一种主观能动性的表现,需要意识和行为的共同努力才能完成。最好的行动状态是:有计划,有组织,拒绝诱惑,专注努力。

(1)保持"状态持续"的心理建设

在意识层面,要进行自我对话,深入了解自己的想法,知道自己为什么喜欢这件事,或者为什么不喜欢这件事,然后对症下药,化解负面情绪,以此保持充满动力、充满目标感的精神状态。

另外,要明白打鸡血和保持状态完全不是一回事,喊喊口号最多让肾上腺素暂时飙升,但对于真正始终保持充沛的精神状态没有什么具体帮助。

（2）保持"状态持续"的实用方法

我们可以找到一些适合自己的实用小方法，让自己保持精神高度集中、热情丝毫不减的行动状态。比如，利用番茄学习法，把时间分成数个小块，逐个使用，这个方法可以让自制力比较差、容易受到外界干扰的人保持高效的学习状态。

想要保持状态，还可以多利用"仪式感"，给自己乐观积极的心理暗示。比如，坚持晨跑很难，但如果每天跑步之前都将自己精心打扮，用专业跑步装备提升仪式感，把晨跑视为当众展示自己的方式，"晨跑"二字就会变成每天早上的起床闹钟，让人兴致勃勃地从昏睡中醒来。

想要保持状态，必须学会休息，让精力和心力得以补充。没有人能够一直往前冲，想要走得长远，就必须细水长流、张弛有度，不要在一开始就把所有的能量耗尽，否则第二天就会提不起精神，只能疲于应付。

■ 如何保持"时间持续"

做成任何事情，都需要时间的积累。

那些颇有创造力的大家，无一不是从小学习、坚持练习，一点点地取得进步，最终自成一派，获得大家认可，取得巨大成绩。

保持时间持续的秘诀是：目标明确，而且目标的实现过程具有连续性。如果总是事与愿违，就很难坚持下去，所以要找到更容易达成目标的方法。

（1）正确认识自我

决定我们能走多远的，不是我们的优点，而是我们的缺点。正确认识自我，知道哪些是自己的强项、哪些是自己的弱项，这样才能更好地、更有方向性地。

（2）拥有持之以恒的决心

每个人的天赋和特质都不一样，也许我们在某个方面比别人要逊色一些、成长的速度要慢一些，但只要让自己始终朝着目标前进，速度的快慢绝不是胜负的关键。

（3）乐观自信地面对挫败

面对阶段性目标的小挫败，最重要的是及时调整心态，尽快重新回归行动的正轨。人都是会成长的，不要因为此刻的弱小而妄自菲薄，也不要因为目前的困境而怨天尤人，要努力让自己成为一个有着乐观精神、在任何打击下都能够重新站起来的人。

第九章

协作力：不必一个人扛下所有

  协作是人类原始本能。协作能力包括两方面：能帮助他人、也能获得他人的帮助。抗拒与其他人产生交集、凡事只想着凭借一己之力完成的人，忽略了团队协作力，最后的结果可能是身心俱疲，满地狼藉。

不是每个人都能成为孤勇者

"爱你孤身走暗巷,爱你不跪的模样",陈奕迅的这首《孤勇者》曾经风靡网络。这首歌描述的情景听起来有一种悲壮之感。可现实生活中,并不是每个人都有必要或有能力成为这样孤军奋战的勇士。

■ 人是社群生物

人是社会性动物,协作是人类文明赖以生存的基础之一,合作带来了最大程度的资源优化配置,也使人类发展出灿烂的文明。

(1)协作是一种心理需求

物以类聚,人以群分。我们喜欢和与自己类似的人相处,比如同学、同事、老乡、同胞等等。这种求同的需求给内心带来了安全感,使我们不孤独,有存在感、有精神寄托。

(2)协作是一种生存需求

人是从众的生物。去买奶茶的时候,大多数人都会挑选生意好的店铺,哪怕要排队很久,也会坚定地觉得顾客络绎不绝的门店必然会好喝一些,认为等待是值得的。这是深刻在基因中的、在寻求食物时会体现出的一种共同本能。

我们做的每一件事情都是在现有的社会关系下完成的,比如上学、玩耍、交友等等。学校和班级就是一个小小的社会。成年后，社会关系会更加复杂，越是重要的计划，越是远大的目标，越需要大家通力合作。

■ 不要忽视协作的力量

虽然天眼之父的名字只属于南仁东教授，可是整个天眼的搭建和落成需要千千万万的科学家与工程师的通力合作，一颗不起眼的螺丝钉也会影响到天眼的最终功能。没有人可以独自完成一件壮举，历史上的孤胆英雄，背后往往站着万千群众。

三个臭皮匠赛过诸葛亮。即便是聪明绝顶、运筹帷幄的诸葛亮，也有自己的知识盲区，也需要经验丰富的皮匠出谋划策。

这说明了一个道理：能力各有侧重，分工各有不同，专业的事情就要交给专业的人去做。比如在装修新房的时候，会需要泥工、木工、油漆工的通力合作，泥工精通贴瓷砖，但让他去做衣柜，是强人所难，木工精通做衣柜，但让他粉刷墙壁，他可能连涂料的颜色配比都搞不懂。

许多时候，我们的确很优秀，但不可能尽善尽美、无懈可击，学习时总有一些我们观察不到的细节、接触不到的知识、理解不了的观念，生活中令我们感到心有余而力不足的事情也是不胜枚举。这些思想和能力上的不足之处仅仅依靠个人在短时期内的努力往往是无法弥补的。这时候，团队协作、优势互补，便成了打开成功大门的金钥匙。

假如我们是一滴水，不管多么晶莹剔透，只要风一吹、太阳一

晒，就会瞬间消逝，当我们汇入大河，就会展示出无限的生命力；假如我们是一道微光，或许起不了什么作用，但是当千千万万道光聚在一起，就可以驱走黑暗，带来无限的光明。

永远不要忽略协作的力量和团队的能量。

■ 不要害怕被孤立

除了主动切断与外界和集体的联系之外，有时候我们会成为"孤勇者"，会被外界揣测排斥，这导致我们自我怀疑，陷入孤独的沼泽。虽然人是有社会属性的，但有些道路往往就是孤独的，在我们坚持自我，确认道路正确的情况下，要做到的就是——客观合理地看待被孤立这件事，或者说：不要害怕被孤立。

被一个圈子孤立，我们可以从以下几种情况思考问题所在：

（1）被孤立是因为我们和群体价值观不合吗？

大多数情况下，我们都是站在自己的角度和价值观上去思考问题，去指导自己的行动。当我们的价值观和集体的价值观有冲突的时候，我们就会被集体所孤立。比如说，团队要选一个人去参加国家竞赛，你与同学都符合条件，可是为了集体荣誉，老师希望你退出这个名额的角逐，如果你不顺从那么就是不符合集体价值观的行为，会被视为"破坏团结"，就极有可能造成被孤立的场面。面对这种情况，我们要做的就是取舍，如果坚持自己是对的，就不要在意自己是否被孤立，如果想要融入集体，就将自己的目标调整与集体目标相同即可。

（2）被孤立是因为我们与众不同吗？

与众不同的人往往容易被看到，也往往容易被排挤。木秀于林，风必摧之，很多同学"不敢努力"就是怕自己不合群，被孤立。实际上，对于优秀的学霸，大部分人都是尊重和向往的，在"内卷"严重的大环境里，大家对于优秀的追求已经让出类拔萃的人大概率免于被孤立。真正被孤立的很有可能是与众不同的，就像排异反应一样：一个学习很好的学生不容易被孤立，但是一个学习很好又性格怪异的学生则容易被孤立。因此，如果我们认为是自己的优秀让自己被孤立，那也无须担心，耐下心来去修炼自己，提升自己，当你的优秀大于你的特异性，群体对你就会是另一种看法了。

承认自己的不胜力,并不可耻

自己想要的目标要靠自己努力,自己想要的生活要靠自己争取,然而我们的个人能力毕竟有限。在学习中,承认自己的弱项,比不懂装懂更有利于成长。要学会认识自己的不足,接受自己的不足,这样才能更好地改善、更好地求得帮助,目标的最终实现也会更有希望。

■ 我们并非一事无成,也并非无所不能

课题组里有两个研究生,A善于交往,和每个同学老师都保持良好的关系;B专业过硬,虽然情商不高,但总是能帮助大家解决实际的科研问题。对于善于交际合作的A而言,专业知识和实践操作是他的短板;对于善于专业思考的B而言,与人交流合作是他的软肋。

幸好他们很了解自己的优势和劣势,也懂得如何扬长避短。善于交际合作的A,会花费大量的时间精力整合课题组的资源,在最短时间内解决许多材料和仪器的准备问题,当遇到实验难题时,他会向B请教,而不是不懂装懂地独自应付;善于专业思考的B,更愿意在各种科学问题上提出指导性的意见和示范操作,在需要和外界频繁沟通时,他会委托A代他出面,而不是硬着头皮融入陌生

群体。他们对于团队来说都是至关重要的，只有当两个角色都在团队中发挥各自作用的时候，团队才能高效运转。

一个人可以独自完成的事情是大于零，但却有限的，但以协作的方式组团前进的时候，每增加一个成员，团队可以完成的事情就会被无限扩充。我们不要骄傲自满或妄自菲薄，而要客观认识自己能力的下限和上限，据此找到最适合自己的位置，用取长补短的方式让自己的优势最大化、劣势最小化。这也是组建团队的真正用意。

■ 求助他人的正确打开方式

客观看待自己的优势和劣势，意味着在必要之时，我们需要放下所谓的面子，真诚地、虚心地寻求他人的指点和帮助。

发现幽门螺旋杆菌的科学家马歇尔，他的实验室里有两个学生：一个学生总是自己琢磨，看说明书，研究仪器，夜以继日地独自进行各种实验，可实验效果并不理想；另一个学生遇到问题时会先思考，理顺思路之后，再找其他同学和老师讨论，遇到自己没有操作过的实验，会请教之前做过这个实验的人，虽然这个学生每天的工作时间只有几个小时，可成绩提升得非常快。

求助是提高办事效率、缩短成长路径的重要方法之一。当遇到自己搞不定的事情、理解不了的知识时，应该如何正确地求助于人呢？

（1）求助之前，先全面思考

贸然求助，别人不知道该如何帮助，自己也会越来越迷茫。求助之前，一定要认识到自己的不足，明确知道自己面对的问题是什

么、难点在哪里、想得到何种帮助,在求助的时候才能更有侧重点。

(2)求助时,要虚心听取,客观分辨

给予对方足够的尊重,才能换来对方足够的重视。也许在交流时,我们发现对方的观点和自己的思路有矛盾,这时候一定要耐心听完。世界上没有完全一模一样的问题,也没有适用于任何问题的统一答案,想让别人的意见成为真正的助力,就不能完全照搬对方提供的实施方法,要按照自己的情况加以调整。

第九章　协作力：不必一个人扛下所有

分享越多，收获越多

分享是人类社会属性的绝好体现。

就像我们正在阅读的这本书，就是作者乐于分享的最好例证。高尔基说过："我读的书愈多，书籍就使我同世界愈来愈接近，生活对于我也就变得更加光明，更有意义……几乎每一本书都轻轻地发出一种声音，扣人心弦，使人激动，把人吸引到奇妙的地方去。"通过这些广泛传播的书籍，作者将自己的思想和收获分享给了许许多多的陌生人，不仅让读者和作者越来越近，也让读者与世界越来越近。

分享可以帮助我们掌握最新的知识和信息，精神上的分享也可以帮助我们打开心扉，接收更多有益的建议。

■ 分享让我们领先一步

从大的方面来说，分享是一种力量。这种力量可以把风险降低、把利益最大化，帮助更多的人掌握更优质的资源和信息，也能够最大程度地推进整个集体的进步。

清朝的闭关锁国政策曾经将近现代工业的先进技术和顺应时代发展的科学理念统统拒之门外，统治者们既不愿意分享，也不接

受别人的分享,导致曾经强盛于四海的中国在近现代的发展速度远远落后于其他一些国家。

从"师夷长技以制夷"的观念铺路到"改革开放"的实践成功,都证明了:想要国家昌盛、人民富强,必须持有开放包容、乐于分享的广阔胸襟,懂得借势、借力,这是一种生存智慧。从小的方面来说,分享是一种方法。从短期来看,分享也许会牺牲一部分自身利益,但从长远来看,分享却可以帮助个人实现从优秀到更优秀的飞跃,往往比单打独斗的努力更有成效。

举个例子,如果一种类型的题目全班只有一个人会解答,只能说明他是一个聪明的学生,如果他把解题思路和方法分享给每位同学,就说明他是一个品学兼优的学生,而且全班的整体成绩会因此提升,老师也可以继续教授更有难度、更丰富的内容,这位同学便可以取得更加优异的成绩。

■ 多参与公益性社会活动

拥有较强协作力的人,常有以下几种表现:思想具有开放性,能够顺利融入环境、融入集体;懂得倾听,能够体察别人需求;善于沟通,能够用共情的方式分享自己的思想,接纳别人的观点。

想要顺利融入环境、融入集体,最好方法就是多参加社会活动,尤其是关注集体、关注他人的公益性社会活动。比如,去敬老院看望孤寡老人、协助交警有序地疏导交通、参与小区美化和管理的志愿活动、植树种林、放生野生动物,等等。

通过这些与外界进行交互的机会,可以广泛地接触到形形色色的人,逐渐学会用不同的方式与不同的人进行沟通,诉说我们的疑惑,倾听别人的分享,再把学到的知识继续分享出去。

多参加公益性社会活动,不仅可以获得积极乐观的集体体验,还有以下好处:可以增强自己的社交能力、拓展社交圈子;可以提升自己的共情能力与沟通技巧,积累更多的正能量;可以把自己带入群体角色中,发现自己的优点和缺点,提早确定自己在团队中的角色。

少年底层能力说

避免背离初衷的内卷行为

内卷是在自私自利心态驱使下的不正常的内部竞争行为,与协作精神、集体利益相背离,严重时还会升级到不择手段的恶性竞争。竞争必须是有底线有尺度的良性竞争,否则最终会两败俱伤。

■ 不要执着于抢C位

演奏交响乐时,每支乐曲的每个声部都会有主音,也就是说,会有一个乐器成为当时的C位,比如主音小提琴、主音大提琴,其他乐器起到辅助和陪衬的作用。而站在乐团演奏人员的角度,每个人都是自己位置的主角。

试想一下,如果其中一位演奏者想要吸引听众的更多注意,没有服从指挥、没有按照乐谱演奏,故意喧宾夺主,试图用自己的乐器压过当时的C位乐器,那么肯定会搅乱所有人的节奏,让演奏现场一塌糊涂。

一旦在集体活动中出现内卷现象,结果往往是大家都得不到与努力相匹配的成绩,除了精力的内耗和时间的浪费,内卷还会让自己的协作能力降至谷底。

与此同时,一旦开始内卷,协作就会分崩离析,也许会有人得到一些蝇头小利，但从长远来看，这是以牺牲合作为代价的愚蠢行为，会破坏整个组织的团结，阻碍整个集体的进步。

因此，在明确个人奋斗目标的同时，必须要停止"什么都想要争第一"的好胜心和攀比心，这种思想只会助长与"想要提升协作力"的初衷完全背离的内卷行为。

■ 有一种内部竞争，叫作"见贤思齐"

不去抢C位，不主动挑起内卷，并不是停止努力，我们要积极参与组织内部的良性竞争。良性竞争的出发点不是个人利益，而是把群体利益当作行动的风向标，为了促进整个团队的进步，为了让大家见贤思齐。

别人的优秀，应该用于借鉴和学习。不要去比谁的书多、谁做的题多，要去借鉴别人提高效率的学习方法；当别人在擅长的领域取得了成绩，也不要跟对方比成绩，只跟自己比成绩，取长补短；不要用别人的目标要求自己，每个人的能力和特长都是不同的，只需要完成自己的计划和目标。

少年底层能力说

如何在协作过程中保持独立性

和人协作也好，向别人讨教也好，要时刻记住，这是为了自己的成长，为了自己的目标。分享与合作都很重要，但最终是为了自己能站在山顶看更美的风景。

我们需要在整个过程中保持自己的独立性，不能人云亦云、随波逐流，免得最后忘记了自己的初衷。

■ 倾听多数人的意见

举手表决是一种典型的达成一致意见的方法，当集体中的多数人对某件事看法一致、选择同一种行动方案时，代表这样做能满足大多数人的利益，可以帮助集体发展。

举个例子：在攀登喜马拉雅山的过程中，队长在抉择之前必须要倾听所有人的意见和判断，然后根据大多数人的意见进行决断，如果队伍中一半以上的人都认为应该停下或者折返，那么队长大概率不会冒险。

听取大多数人的意见，是协作精神的一种体现，可以使行动的风险概率大大降低，同时提高成功率。在感到无助彷徨的时候，我们很需要倾听多数人的意见，最大程度地收集信息，构建自己的逻辑基础。这就像搭建房子之前收集建筑材料一样重要，尽管最终未必会按照所有人的意见去建造房子，但必须全面了解建造房子的各种方法。

■ 和少数人商量讨论

听取大多数人的意见，但是没必要和所有人讨论思路。当举办方策划一场运动会时，他们需要向懂得规则的裁判、懂得场地布置的设计人员咨询，但是不需要采访所有的运动员和观众、满足所有相关人员的需求。

如果班长征集春游计划时，和每个同学都讨论一番的话，那么可能什么结果都得不到，因为每个人的想法不同、喜好不同、时间安排不同，班长无法在最短时间内做出取舍，反而让思路更加混乱。

在进行集体讨论的时候，要明确目标和前进方向，寻找在这件事情上更有经验、更能够理解我们的处境、更有大局观的人。通过小范围的讨论，提出实质性的方案，利用信息作出最优决策的前提条件，也是节省时间和精力的不二法门。

■ 最终自己作出决定

小到想去什么兴趣辅导班，大到高考填报志愿，每一个决定都会影响人生，父母师长给我们的都是建议，决定成为什么样人的只有自己。人生是自己的，学习是自己的，选择也只能靠自己。

自己做决定时，切记保持理性，避免情绪化，不盲目不武断，首先要目标明确，然后再通过细致的逻辑分析，对外界意见进行甄

别和把控,最后通过练习和试错,让每一个决定都脚踏实地、每一次进步都有据可循。

我们的目标一定会达成,我们的青春一定会发光。